Laurits Andersen
China Hand, Entrepreneur, Patron

劳里茨·安德森
中国通、企业家和赞助者

[丹] 何铭生 (Peter Harmsen) 著

蒋芳芳 周丰 译

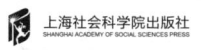

上海社会科学院出版社

前　言

　　本书的出版得益于劳里茨·安德森基金会的支持。该基金会遵照劳里茨·安德森本人的意愿设立，希望提升安德森的声誉，让他传奇的一生为人所知。

　　安德森本人希望该基金会日后能够维护他在上海的墓地。但由于该墓地年久变迁。因此，该基金会想通过本书，以另一种形式来纪念他。

　　或许，安德森的故事可以鼓舞一大批当代海内外的企业家。安德森在远赴他乡追求人生理想的过程中，表现出了无畏之勇气、不倦之勤勉、坚韧之毅力和敢为人先之准备，因此，他才走得更远。这些都足以使后人敬仰。

哥本哈根，

2020 年 3 月

埃贡·贝克·汉森（Egon Bech Hansen）

劳里茨·安德森基金会主席

目录

前　　言　／001

第 一 章　童年和青少年(1849—1870)　／001
第 二 章　走向亚洲(1870—1873)　／015
第 三 章　在战争中(1871—1875)　／026
第 四 章　落地中国(1875—1880)　／034
第 五 章　为清政府服务(1880—1890)　／040
第 六 章　烟草行业(1890—1895)　／050
第 七 章　竞争的恶化(1895—1903)　／072
第 八 章　与英美烟公司同行(1903—1911)　／079
第 九 章　一个新的时代(1911—1922)　／113
第 十 章　赞助者(1922—1928)　／138
第十一章　死亡与遗产(1928—　)　／153

后　　记　／162
致　　谢　／171
注　　释　／172
参考文献　／212
出版说明　／220

第一章　童年和青少年
(1849—1870)

克劳斯·劳里茨·安德森（Claus Laurits Andersen，以下简称"劳里茨·安德森"，或"安德森"），1849年8月6日出生于奥莫森（Ømosen）乡村，这是西兰岛港口城市赫尔辛格附近的一个小村庄。①那一年，他的木匠父亲乔根·安德森（Jørgen Andersen）和母亲阿尼·凯瑟琳·乔根斯达特（Ane Catherine Jørgensdatter）都是31岁②，同年9月9日，安德森被送往蒂科布（Tikøb）教堂受洗。③他的出生地给他留下了一生的影响。他从未忘记他与赫尔辛格的关系④，终其一生，他的丹麦语都带有赫尔辛格口音。⑤更为重要的是，他出生和成长的社区浸润着勤勉节俭的新教价值观，这些都将成为他今后的重要品格。⑥而且，这同样是一个为历史所浸润的社区。"我就生在古尔城堡附近"，安德森曾回忆起一个精美别致而又衰老破旧的建筑——中世纪丹麦国王瓦尔德马尔·阿泰尔达格（Valdemar Atterdag）的城堡。⑦

劳里茨·安德森是家中次子，他的哥哥罗伯特·安德斯·约翰内斯·安德森（Robert Anders Johannes Andersen）比他大15个月。当时，他们一家四口租住在他的外祖父家，只能挤在一个房间里。外祖母约翰妮·玛丽·乔根斯达（Johanne Marie Thuesdatter）和外祖父乔根·拉森（Jørgen Larsen）都是农民，依靠打零工维持生计。然而，阿尼·凯瑟琳

图 1-1　蒂科布教堂，安德森于 1849 年 9 月 9 日在此受洗

还有两个仍未成家的弟弟，这使得本就贫寒的家庭雪上加了霜。[8]但是，这也是当时各个家庭的常态，据 1850 年的人口普查显示，奥莫森（Ømosen）所有的家庭都存在类似的状况，一家数口挤在一个屋檐之下。[9]

安德森的父亲乔根·安德森于 1817 年 9 月 6 日生于大贝尔特海峡（Great Belt）附近的彼尔德索（Bildsø）乡村，祖父安德斯·乔根森（Anders Jørgensen）和祖母梅特·拉丝达特（Mette Larsdatter）[10]亦是农民，共育两子：乔根·安德森为次子，延斯·安德森（Jens Andersen）长他 1 岁。[11]乔根·安德森出生后便即刻在家受洗，丝毫不敢耽搁，因为当时新生儿的死亡率实在是太高了。在他出生前的一周，同一教区就有 2 名新生儿夭折。[12]祖父安德斯·乔根森卒于 1828 年 3 月，时年 50 岁，留给遗孀一个摇摇欲坠的家庭和 2 个年幼的孩子。[13]最后，出于生存考虑,安德森的叔叔延斯·安德森被迫过继给了彼得·汉森(Peder Hansen)。彼得居住在彼尔德索(Bildsø)南部一个叫基克斯蒂灵厄(Kirke Stillinge)的乡村,他虽然也是农民,但有自己的农场,在当地来说还算富裕,只是没有子嗣。[14]乔根·安德森于1832年接受坚振礼*之后,亦步其哥哥后尘来到了彼得·汉森家,但他在这个家里并不享有什么特权,而是作为家仆。[15]

或许,在同一屋檐下被亲哥哥使唤总是有些别扭,这最终迫使乔根·安德森选择离开。1836—1839年的某个时间,乔根·安德森离开了基克斯蒂灵厄,来到了邻近教区的韦默莱乌(Vemmelev)。直到1850年,由于全民适龄男性必须服兵役,乔根·安德森便报了名。[16]尽管已经是韦默莱乌的常住居民,但他有极长一段时间不在此地。而赫尔辛格在他的一生中似乎占有更为重要的位置。有资料显示,他就是在此地成为一名木匠学徒[17];也是在此地,结婚、生子——1846年8月7日,乔根·安德森与阿尼·凯瑟琳结婚,次年11月22日,他们的第一个孩子,劳里茨·安德森的哥哥罗伯特出生。[18]不久之后,他们便搬到了凯瑟琳的家乡蒂科布,劳里茨·安德森就生在这里。

不仅如此,1840年,乔根·安德森还在赫尔辛格加入了前线第4步兵营成了一名士兵,并且一直驻守在这座城市。[19]在1848年之初,该部队在第一次石勒苏益格战争中**参与对德意志联军的阻击,然而,在之后的两年,该部队撤离了其战斗序列,因此被戏称为

---

* 坚振礼,又称"坚信礼",它是天主教和东正教"圣事"的一种。入教者在领受洗礼一定时间后,再接受主教的按手礼和敷油礼。——译者注

** 丹麦和普鲁士联盟之间的战争。1848—1851年的第一次石勒苏益格战争(First Schleswig War)期间,南石勒苏益格和荷尔施泰因两地的德语族裔反对丹麦政府的统治而遭到镇压,丹麦获得了胜利,但使德意志人的反丹情绪持续高涨。1863年9月,丹麦将"石勒苏益格是丹麦版图上不可分割的一部分"写进宪法,激起了德意志地区的强烈不满。后来,普鲁士和奥地利以德意志民族大旗组成了联盟,对抗丹麦,丹麦在这次战争中战败。丹麦放弃了对石勒苏益格和荷尔施泰因的统治权。——译者注

图 1-2　以伊斯特德战役（1850 年 7 月 25 日）为主题的当代绘画，劳里茨·安德森的父亲乔根·安德森就是在这场战役中留下了持续一生的伤痛

"保命营"。[20]甚至在 1848 年秋天这段相对和平的时期，有些普通士兵可以回家探亲，像乔根·安德森这种家有幼子的父亲自然有幸得以被允许离开战争之地。然而，1849 年 8 月，在劳里茨·安德森出生之际，乔根又不得不离家归队，因为此时他的部队需全力负责阿尔斯岛的防卫。[21]

1850 年夏，第 4 步兵营的和平时光结束了。乔根作为步兵营 862 名士兵的一员，参与了 7 月 25 日的伊斯特德战役（battle of Isted）[22]，这是丹麦历史上最大的一次战役。上帝还是眷顾乔根的。作为丹麦方面的左翼，该部队在白天的战斗中总计有 5 人牺牲、15 人负伤。乔根就是 15 个负伤者之一。[23]一颗子弹击中了他的左大腿下部，在结束战斗、转移后方的数小时过程中，他整个人还是处于深深的昏迷中。[24]或许是混乱和不卫生的环境，乔根患上了感染性败血症。此后的 8 个月，他都在克里斯蒂安斯费尔德（Christiansfeld）的部队医院治疗。[25]

图1-3 国王新广场所见的新港（摄于1863年）

同年，安德森一家搬到了哥本哈根的滨水区新港（Nyhavn）33号。[26]他们的搬家很可能是因为乔根在战争中所落下的伤病和残疾致使他无法养活这一大家。此后，养家的重任就全落在了他妻子的身上——她在离家不远处开了一家熟食店。根据劳里茨·安德森后来的回忆，他母亲的店开在海滩商业街和海滩里尔街道之间，这样看来，其实店铺离家也并不是很近。[27]"店里卖有香肠、培根还有其他一些品质颇佳的熟食，"安德森回忆，"她用从乡下购得的食谱秘方来做肝酱和猪肉冻。生意应该不错，因为当时店里还雇了两个女帮手。"[28]

与大海为邻或许是安德森探寻世界的一个早期激励。后来，安德森回忆道，他那时经常与父亲一起沿着哥本哈根主要的码头散步，能够看到来自世界各地的水手："他们从遥远的地方来到了丹麦，这些船带给我和父亲无尽的遐想。"[29]这也是他关于他的父亲最后的回忆了。不久之后，乔根就因为旧伤复发而被送进了哥本哈根的阿尔明德利格医院（Almidelig Hospital）。其实当时有一家医疗条件更好的医院，即弗雷德里克斯医院（Frederiks Hospital）。这可能也从侧面反映了安德森家庭的经济状况。1856年7月，乔根·安德森在医院逝世。[30]

图 1-4　19世纪中期哥本哈根的主码头［扬·威廉·德沃斯（Jan Willem de Vos）雕刻版画］

图 1-5　阿尔明德利格医院的低等病房，乔根·安德森于 1856 年在此病逝。尽管此图是 19 世纪 90 年代的样子，但我们能够看到，这里很有秩序，但也很拥挤

那颗最终改变了乔根命运的德国子弹，后来被家人珍藏了数十年，对于安德森一家人而言，它早已成为一个重要的情感寄托。㉚安德森的哥哥带在身边珍藏多年，直至1915年去世。后来，这颗子弹似乎被遗忘了，直到1922年再次被发现，并被寄给了远在中国的安德森。㉜安德森将这颗子弹珍藏在抽屉里的小盒子里，偶尔也会拿出来给他的客人看看。丹麦记者奥拉夫·林克（Alaf Linck）拜访了安德森在上海的家之后，写道："这个铅制物体看起来并不像是一颗来复枪的子弹。在射中木匠安德森强健的大腿骨之后，这颗子弹的一端发生了明显的弯曲形变。他的儿子会如此细心地保存这颗纪念物，我并不惊奇，因为在某种程度上，这是他父亲留下的唯一传身之物。"㉝

安德森和他的哥哥都在哥本哈根的驻军学校接受了免费的教育。这很大程度上是因为他父亲的老兵身份——曾于1842—1861年于前线第4步兵营的服役。㉞19世纪50年代末，当安德森还是一个学生的时候，他们的学校就搬进了一栋位于斯托库斯加德街大街（Stokhusgade Street）的大楼里。㉟安德森所受的免费教育使其一生都对社会抱有深深的感恩之心。"在我离开丹麦之际，我所获得的所有技能都是这所学校免费教给我的。"安德森在70多岁时如是说。㊱

这所学校的校长是亚历山大·雅各比（Alexander Jacobi），1792年出生。他曾于1807—1819年做过水手，彼时丹麦与大英帝国正在打仗，他曾参加过1811年安霍尔特岛（Anholt）的英丹战争。㊲很有可能是雅各比的海上经历点燃了安德森探索世界的渴望。雅各比是一位杰出的教育改革先锋，他以实际行动确保哥本哈根的孩子们能够有机会偶尔脱离巨大城市拥挤、不健康的环境，例如，他常常会带着自己的学生走进哥本哈根北部的夏洛滕隆（Charlottenlund）森林。

他们从尼伯德尔大街（Nyboder）出发，驾着在当时的哥本哈根被称为"咖啡磨"的马车。马车的设计虽为16人乘，但多坐几个学生也不成问题，因为当时正提倡适度饮食。"每一驾马车很容易就坐下了32

个男孩，当然，每个人得挤一挤不能占太多地方，这对我们来说一点都不难。”[38]安德森后来回忆道。

19 世纪中期，丹麦的爱国主义教育十分普及。安德森后来回忆道，他和他的哥哥经常唱爱国主义歌曲，甚至帮妈妈劈柴时也在唱。[39]安德森当时最感兴趣的科目是丹麦历史，即便是多年之后，他仍热衷于讨论中
17 世纪的国王与牧师对国家发展的重要性。[40]除了书本中所学的知识，他还经常参观位于哥本哈根市中心的王子府第，那是一座洛可可式建筑，后来成了国家博物馆。“当时给我带来最大的震撼是去参观挪威民族志展馆。那里珍藏的所有古老文物，都出自我们的祖先之手，都已在丹麦的土地上沉睡了成千上万年。”[41]安德森后来回忆道。

图 1-6　索尔夫加德兵营的大门，安德森就在此求学

1860 年，安德森的母亲阿尼·凯瑟琳再婚。她的新任丈夫约翰内斯·瓦伦丁·约翰森（Johannes Valentin Johansen）是一名来自丹麦南部港口城市斯文堡（Svendborg）的货轮船长。他的前妻生于 1823 年，比凯瑟琳大 6 岁，1859 年因病去世。约翰森经常用货轮运送水果到访哥本

图 1-7 为安德森主持坚振礼的尼古拉·戈特利布·布隆德尔

哈根,在凯瑟琳的熟食店遇见她并互相熟悉起来。[42]后来,约翰森也在哥本哈根定居了,他和新妻子一起开启了一段全新的生活。数年之后,他们搬进了位于加梅尔霍姆(Gammelholm)街区的新建公寓里,这是19世纪中后期哥本哈根相对繁荣的一个区域。[43]安德森和他的继父相处得很融洽,他经常带着他一起去斯文堡的市场。[44]

然而,安德森最为幸福的童年时光则是那些和他的叔叔延斯一起度过的假期。彼时,他的叔叔仍住在位于西兰岛西部的基克斯蒂灵厄乡村,不同的是,叔叔的社会地位和经济地位都有了很大的提升,甚至可算是他们社区最有影响力的人物之一了。这可能是得益于19世纪40年代后期,他继承了养父的遗产,得到了一些可观的土地,一部分就在基克斯蒂灵厄附近,另一部分则在稍远一些的大贝尔特海峡附近。[45]"我还记得那时叔叔雇用了一些人在割草,我们也在那里经历了许多奇妙的旅行。"[46]安德森多年后回忆道。对于延斯而言,巨大的个人财富同样赋予了他一定的官方责任,他曾被任命为教育行政长官。[47]这是安德森第一次接触到所谓的"经济上的成功",或许,这也成为驱动着他不断地追求理想、实现宏图大略的因素之一。

1863年10月4日,14岁的安德森在哥本哈根的加里森(Garrison)教堂受礼。给安德森洗礼的是一位热诚的牧师尼古拉·戈特利布·布隆德尔(Nicolai Gottlieb Blædel)——他永远都能够吸引大量的会众礼拜,这无疑为他日后在哥本哈根成功建立一个保守的路德宗信教组织奠定了基础。[48]在安德森受礼之际,他的母亲送给了他一本基督赞美诗集,这本诗集他一直带在身旁。"在我所有的财产中,这一件离我的心脏最近,"20世纪20年代,当他成为当时中国最富有的人之一时,安德森如是说,"我希望能带着它一起入葬。"[49]然而,这次受礼意味着安德森学生生涯的结束,至此,安德森将开始他的学徒时代。[50]

大约受礼之后不到一周时间,那天是10月10日,星期六,安德森在艾柯夫机械厂(Eickhoff's Machine Works)开始了学徒生涯。艾柯夫是德国人,是一个锁匠,早期在德国的北部城市劳恩堡(Lauenburg)接受过良好的技能训练,1829年才搬到哥本哈根。他在新港15号的地下室开了一家专门从事印刷机械维修的店铺,经过20年的发展,该公司迅速成长、扩张和壮大。[51]例如,在1862年,该公司向《丹麦人民报》(Folkets Avis)交付了一款印刷机,随即就获得了丹麦报纸流通量最大的报社的青睐,也很快赢得了瑞典、挪威等国家的客户,甚至远销俄国。[52]安德森成为学徒2年之后,艾柯夫机械厂便搬到了韦斯特布罗(Vesterbrogade)97号。[53]

安德森每周工作66小时,有时候还会更多。因为他那健硕的身体,主管会经常安排一些重体力活给他。例如,他会让安德森去哥本哈根运河上的驳船上卸载沉重的矿砂,再搬到工厂里。这让安德森困惑不已,

图 1-8　位于西部大街 97 号的艾柯夫机械厂，插图来自约翰·索斯（Johan Thorsøe）

百感交集。[54]他说："我的老板可能觉得，得到像我这样一个大块头的学徒，就能节省一大笔培养一个技术工人的钱。"[55]最初，他一个星期只能拿到 1 个银币和 3 个马克。这是什么概念呢？在 19 世纪 60 年代，这点薪资大概能买到 5 磅培根或者 2.5 磅的咖啡。相比之下，同公司的任何一个年轻技术工，一周都能拿到 7 个银币；老板的儿子和未来的接班人戈特弗里德（Gottfried）的周薪则超过 24 个银币。[56]

但是，安德森这个薪资水平一直持续了之后整整 4 年的学徒期，有时会在繁忙的周末加个班，但也只能多拿 2 个银币。[57]尽管如此，他在高强度的工作之余，仍然坚持去哥本哈根技术学院上夜校，学习技术绘图。[58]在学徒期结束之际安德森也只有 17 岁，就已经被单独派出去帮助客户安装新设备。1867 年的 5 月中旬，他就带着这样一个任务去了赫尔辛格，同年 7 月，他便开始了人生的第一次出国之旅，他被派往瑞典的马尔默（Malmo）。[59]事实上，安德森还在学徒期就已接到过类似的任务，即使年纪轻轻，就已显现出了成熟的能力和责任担当。

图1-9 巴尔塔扎·蒙特（Balthasar Münter），他是安德森在哥本哈根海军船坞工作的主管

然而，正是由于其平日的责任感，安德森感受到了历史的脉搏。他亲历了1864年第二次石勒苏益格战争中大后方的变化，他目睹了2月6日哥本哈根大街上发生的暴乱，随后，丹麦最高指令发布了一个富有争议的决定：从丹德边境的防御工事中撤出军队。就在离他家不远的圣安娜广场（Skt. Annæ Square）上，大量的反对者们不顾皇家卫队的增援，毅然向警察投掷石块以示抗议。暴徒们试图攻占克里斯蒂安堡（Christiansborg）——国会的集会地点，然而，当他们推进到运河边，木桥升起的时候，队伍就被阻断了。⁶⁰安德森还记得，他在去理发店的路上碰到了著名童话家安徒生。"那长长的豆茎——"，当他朝安徒生喊出这句名句时，他的母亲吓得赶紧拽住了他的头发。⁶¹

学徒期满之后，1868年，安德森在哥本哈根的海军船坞找到了一份

图 1-10　19 世纪中期哥本哈根海军船坞

图 1-11　1869 年,"林多蒙号"(Lindormen)战舰下水。来源：报纸插画

工作，[62]他最终在海军军官巴尔塔扎·蒙特的手下做事。蒙特长期旅居海外，1869年回国之后就被任命为船坞的副经理，负责工程和建设项目。[63]安德森赶上了一个技术大变革的时代，彼时，北美和欧洲的造船业迎来了"铁甲时代"，军舰的船体以铁甲护体，而不再是传统的木制技术。哥本哈根海军船坞的工程师与造船者们却并无先例可仿，只能在反复实验中不断尝试和探索。[64]安德森也有幸参与了这样一次技术的攻关与探索，因为他已经是装甲舰"林多蒙号"发动机安装组的一员了。[65]在此期间，他同样参与了军舰"彼得斯克拉姆号"（Peder Skram）、"戈罗姆号"（Gorm）和"西兰岛号"（Sjælland）的建设。[66]

安德森的哥哥早已是一名海员，这也使得他常常想象外面的世界。除了他哥哥的影响，我们很容易找到其他一些因素：家邻海港所带来的一种海洋的氛围，一个做过多年海员的校长，还有一个仍在海上的继父。即使是早在学徒期的安德森，当他每次看到高大的船舰时，都会心生涟漪。[67]他旅行的渴望在他进入海军船坞的时候变得更加强烈了，虽然彼时他并无任何出国的计划，但是他却一直打听着出国旅行的可能。他后来就此谈道："大海的气味使我变得更加渴望远航！甚至可以说，我就是在等待着这一天的到来：跳出去，走向广阔世界。"[68]

第二章 走向亚洲
（1870—1873）

1870年初，劳里茨·安德森乘坐一艘翻新不久的海军帆船"戴安娜号"（Diana）离开了丹麦，自由自在地航行在法罗群岛和格陵兰群岛的邮路上。①安德森在苏格兰下了船，并在格拉斯哥（Glasgow）西部克莱德河（Clyde）畔的伦弗鲁（Renfrew）安顿下来，他在当地的亨德森·科尔伯恩造船公司（Henderson Colbourn & Co.）找到了一份不错的工作。工作问题的顺利解决很可能得益于该造船公司的合伙人之一——亨利·克里斯蒂安·莱布尼兹（Henry Christian Løbnitz）就是丹麦人。据悉，亨利·克里斯蒂安·莱布尼兹工程师1831年出生于丹麦的腓特烈西亚市（Fredericia），早在4年前就是该公司的合伙人了。②安德森曾在自传中写道："丹麦合伙人莱布尼兹先生非常照顾我。"③

"我在那里待了将近半年，积累了很多经验，获益匪浅。"④然而，他觉得唯一不足的是21先令的周薪实在太低⑤，所以决定要尽快到更大的世界闯一闯。机会总是青睐有准备的人，没过多久他就参与了一项造船项目，包括建造一艘高125英尺的船——"沙捞越先生号"（Sir Sarawak）。订购该项目的客户是一家叫婆罗洲公司（Borneo Co.）的贸易公司，这艘船造成以后主要用于运送货物，把古晋（Kuching）港口基地的货物运送至婆罗洲北部海岸。⑥关于这段心路，他在晚年时曾向一名记

图 2-1　海军帆船"戴安娜号"

者吐露过:"我绝不会再回丹麦了!我可不想成为别人的笑柄。""当我亲自参与建造的这艘船将要就绪的时候,我的决心变得愈加坚定了。"⑦

安德森想要出国去东方看世界的愿望还受到了他哥哥罗伯特·安德森的影响。尽管现有的资料还无法确切地证明这一点,但是我们有理由相信哥哥对弟弟的成长是有一定影响的,至少有榜样的作用。罗伯特很小的时候就当上了水手,早在安德森抵达亚洲前几年他就已在那儿立足了。在 1874 年一份权威的在华外国人名单中,罗伯特·安德森位列其中,他的身份是上海晋隆公司(Independence Pilot Co.)*的一名引水员。⑧就移民而言,安德森兄弟代表的是当时典型的一代人——从 1869年至 1914 年,约共有 28.5 万名丹麦移民。然而,安德森兄弟都选择前往亚洲的决定和行动让他们格外与众不同,因为在这 45 年中,移民亚洲的丹麦人仅有 745 名,不到总移民人数的 0.3%。⑨

1870 年 7 月中旬,"沙捞越先生号"驶离格拉斯哥港,掌舵人为船长休特(Hewat),安德森为高级船员。不久之后,他们经过苏格兰格里

---

* 此晋隆公司和后文中的老晋隆洋行是不同的两家同名企业。——编者注

图 2-2 1870 年左右,克莱德河上的船只与船坞

图 2-3 1870 年苏伊士运河通航,伊萨多·洛朗·德鲁瓦(Isador Laurent Deroy)绘

图 2-4 19世纪末的新加坡

图 2-5 1870年左右的丹戎巴葛（Tanjong Pagar）船坞

诺克（Greenock）镇时得知德法战争已经爆发。⑩在前往直布罗陀的途中，他们遭受了一场小飓风，直到塞得港（Port Said）附近，天气才温和起来。船只在8月初驶入了年前开放的苏伊士运河，并于8月30日抵达今斯里兰卡南部的加勒港（Galle）。⑪"沙捞越先生号"最终抵达新加坡的时间是9月8日清晨。⑫在新加坡，休特和安德森各自作了新的选择：休特选择继续留在船上当船长，安德森则和此前约好的另两名船员一起下了船。[13]他们即将开启一段崭新的旅程。

安德森踏上码头的那一刻,展现在他眼前的正是亚洲最繁华兴盛、最朝气蓬勃的景象。众所周知,新加坡是一个发展迅速的贸易港口城市,新开通的苏伊士运河又增强了这座城市的海运枢纽能力。因为,在苏伊士运河开凿之前,亚欧之间的大部分航运路线里程要远得多。例如,从亚洲去往欧洲必须经过东印度群岛内苏门答腊岛和爪哇岛之间的巽他海峡(Sunda Straits),然后绕过好望角和整条非洲西海岸线,才能抵达欧洲。而苏伊士运河的开通则将中国和欧洲的航程缩短了三分之一至四分之一。[14]据安德森回忆,1870年9月他抵达新加坡港口时,岸边停泊着47艘帆船,而蒸汽轮船仅有10艘。这意味着在那个帆船时代,贯通中欧最快捷、最省力、最安全的航线必须经过马六甲海峡和新加坡。[15]

上岸后,安德森在新加坡市郊丹戎巴葛的一座船坞找到了工作,他在那里主要协助"魅力新加坡号"(Fair Singapore)轮船的引擎校正工作。这艘轮船还有一个别称叫作"阿布·巴克尔号"(Abu Bakr),归柔佛州(Johore)政府所有,用于执行海岸警卫等任务。[16]关于这段求职经历,安德森曾对丹麦记者林克透露:"为了找工作,我每天都在港口徘徊。有一天,我听到有一个人在求职人群中问有没有船舶工程师。我跑过去用蹩脚的英语喊'我就是船舶工程师呀!'"[17]当时,"魅力新加坡号"还在柔佛州执行打击沿海走私者的任务,后来直到10月1日才在船坞顺利完成引擎校正。[18]安德森在自传中写道:"工作结束后,我又失业了。"[19]

他现在赚了一笔小钱,于是,他又开始寻找新的出路了——他要找到一艘能把他带到中国香港的船。他说:"等待的时间太难熬了。""蚊子在折磨我——不起眼的小蚊子居然能闻到我身体里的新鲜血液!"[20]就这样过了两个星期,一个意想不到的机会降临了。大概是在10月14日,英国的一艘电报船"塞拉号"(Cella)抵达新加坡港,准备进入中国海域,在那里从事丹麦大北电报公司(Great Northern Telegraph Company)的电缆敷设作业。[21]一个半月前,执行该任务的旗舰——丹麦

图 2-6 柔佛王公

图 2-7 1870 年,丹麦护卫舰"托尔登斯科约尔德号"受大北电报公司委托,在中国沿海敷设电缆

护卫舰"托尔登斯科约尔德号"（Tordenskjold）已经通过了新加坡;[22]9月底，另一艘满载电缆的"大北方号"（Great North）也曾在新加坡停留数日。[23]"塞拉号"急于赶上这两艘先行船，计划到达新加坡的当天就直接前往中国香港。[24]巧合的是，安德森居然恰巧地听说了这件事，更有人告诉他这艘船上有些船员是丹麦人。安德森比谁都明白捷足先登的道理，"我坐船赶上去了，想尽办法引起'塞拉号'上船员的注意。果然，我被一根绳子牵引着吊上了船，然后立即被雇为他们的电缆工人。"[25]安德森后来才知道，这一切发生得如此顺利并非巧合，因为有一名船员最近去世了，这个空缺的岗位必须有人来填补。就这样，安德森为自己赢得了一张去往香港的免费船票。他后来回忆说："这段旅程花了13天，但对我来说时间过得还是太快了。因为我知道，一旦到达香港就意味着旅程结束了——我的工作也随之结束了。"[26]

确切地说，安德森是10月28日到达香港的[27]，这也许是他在亚洲漫长岁月中最绝望的阶段的起点。他全身家当仅11美元，有几天他甚

图2-8 1870年左右的香港

至仅靠5美分一只的面包和茶水度日，夜晚露宿在皇后大道边。你难以想象皇后大道当时臭名昭著、不堪入目的情景——到处都是醉醺醺的水手和无家可归的流浪汉。[28]在后来的自传中，安德森解释了自己与日俱增的绝望感："我来了之后就马不停蹄地找工作。我找遍了所有我认为可能有工作需求的地方，我甚至还租了一艘舢板，对每一艘停留在港口的汽船说我可以当一名工程师。但是整整一个星期，我一无所获，我的钱也差不多花光了。"[29]

一个令人难以置信的巧合帮助安德森摆脱了困境。一天清晨，安德森正坐在港口吃早餐——一块干巴巴的面包。他边吃边与坐在他旁边的一名水手寒暄，简短的交谈中这两个人居然发现他们是亲戚！"太神奇了！那个人就是我继父的弟弟，鲍勃·史密斯（Bob Smith），我得喊他一声'叔叔'啊！"其实，他真实的名字是拉斯姆斯·约翰森（Rasmus Johansen），为了方便与中国港口的船长和船员沟通，他便取了个英文名字。鲍勃·史密斯在香港很受欢迎，在他的介绍下安德森很顺利地被认

图 2-9　19世纪末的马尼拉

识和接纳了,即便是之前拒绝过他的人居然也向他抛出了橄榄枝,他们都说:"哦,好吧!既然鲍勃·史密斯是你的叔叔,那一切自然另当别论啦!我们一定会给你找一份合适的工作的。"㉚

安德森是一个真正的幸运儿。他在自传中详细描述了他是如何"在一位英格利斯先生的推荐下登上了一艘西班牙人的汽船",并获得了一份轮机员的工作。㉛这位英格利斯先生很可能就是著名企业家约翰·英格利斯(John Inglis),他精通中文,参与了不少投资,例如他投资建设的一家造船厂为当地企业建造小型蒸汽船,既适应了市场需求,又收获了可观的利润,炙手可热。㉜而这艘西班牙人的汽船很可能就是"马尼拉号"(Manila)。㉝如果这个猜测正确的话,那么从1870年冬天至1871年冬天,安德森一共参与了这艘汽船往返香港—马尼拉的4次航运工作,分别是:11月12日—30日,12月13日—1月1日,1月13日—2月5日,2月9日—3月7日。安德森后来还提及,虽然这艘汽船运输了大量"弹药和补给物资"㉞,但它的核心业务依然是运输乘客。例如,安德森在这艘汽船上的第三次航运中,搭载了14名欧洲人和216名中国人抵达香港。㉟这份工作还让安德森认识了热带复杂多变的气候——在返程途中,12月31日,他们在中国南海的东沙群岛附近遭遇了强烈的季风风暴。㊱

安德森对这份工作的薪水很满意,除了食宿,月薪还有75美元。㊲但不能因此而否认这份工作的艰苦性,热带气候确实让安德森无所适从。这时,安德森听一个上海的熟人谈到上海发展和成功的机会要比香港多得多。㊳安德森后来回忆道:"当炎热的季节来临,讨厌的蚊子又开始'嗡嗡'作响时,我果断地跟西班牙人告别了。我决定去北方,去上海。"㊴3月21日,安德森乘坐"丽斯号"(Leith)轮船离开了香港,未知的上海之旅正式开启。㊵"原来,当一名乘客是如此享受、如此奢侈的美事呢!我虽然当了船员多年,但这真的是我第一次以乘客的视角来看大海。太美妙了!"㊶他多年后如此感慨。再后来,有传言说安德森在上海的第一个夜晚就露宿街头,睡在上海最著名的地标——外滩的一个

图 2-10 1870年左右的上海

图 2-11 19世纪末的上海街道

公园里。谁能想到，这样一个"流浪汉"在不久的将来将成为这座城市中最富有的企业家之一呢？[42]

19世纪70年代，上海的发展突飞猛进，但它的人口依然不到8万人，包括1 666名登记在册的外国人。[43]如果你问安德森他对上海的第一印象是什么，他一定会回答"江边的沼泽"[44]。他初到上海，并没有什么野心，所以一直活动在这座城市的底层，甚至是无人问津之处，对上海的印象确实如他所述。但是，真正的上海是什么样呢？其实早在1853年，一位美国海军将领就已有描述，他的名字叫马休·佩里（Matthew Perry）。佩里将军到访上海之后，对这座城市的态度有了很大的改观，他说："在上海本地人住宅区下游的河岸边，外国商人建起了富丽堂皇的房子。在这里，人们可以看到一望无际的江面、秩序井然的街道以及引人入胜的花园。这里的舒适和便利，不亚于世界上任何其他的地方。"[45]

一到上海，劳里茨·安德森就在上海轮船公司（Shanghai Steam Navigation Company）找到了一份工作。这家公司就是旗昌洋行——19世纪下半叶美国在中国最大的贸易机构——的一个子公司。[46]19世纪60年代是这家公司的鼎盛期，有数据显示，这一时期在中国沿海和长江流域一共至少有43艘来自该公司的汽船在运营。[47]然而，安德森一开始并没有如愿登上轮船，而是被分派到了上海的一个仓库。[48]关于这份工作，安德森在他的自传中写道："我的主要任务是打捞零件。一些船只在江面上失火搁浅或下沉，打捞上来之后就需要有人把那些发动机零件收集起来，以便重新组装利用。"[49]这样平淡的生活和工作持续了好几个月，戏剧性的变化再度光临。

第三章 在战争中
（1871—1875）

  1871年，劳里茨·安德森被卷入了东北亚巨大的权力斗争之中——一场关于"隐士王国"朝鲜的独立运动。然而，随着美国成为最为重要的介入力量时，当年春天的情势变得愈加紧张起来。多年来，美国政府一直希望通过类似于对中国和日本的方式打开朝鲜的对外贸易大门，但是在朝鲜政府的顽强抵抗之下还是不得而终了。最为典型的一次是在1866年的时候，美国商船"谢尔曼将军号"（General Sherman）抵达了朝鲜水域，希望逼迫朝鲜政府和美国建立贸易关系。然而，结果却迎来了一场武装冲突，美国的商船被毁、人员伤亡。①

  5年之后的1871年5月，美国政府决定再一次派遣远征，一方面希望搞清楚"谢尔曼将军号"及其船员的情况；另一方面也希望再次尝试说服朝鲜王国打开国门。此次远征以美国驻中国公使镂斐迪（Frederick Ferdinand Low）挂帅，而这一次所携带的武力装备也要比上一次强得多。美国海军亚洲分遣舰队派出了5艘舰船，但其中只有2艘能够进入朝鲜的河流而不会搁浅。6月1日那一天，当2艘平底舰在汉江中执行侦察任务时，便遭遇了岸上朝鲜武装的袭击。一场激烈的交火爆发了，尽管美国方面有着优越武器，但还是以两人负伤的代价撤出了河道与舰队会合。②

第三章 在战争中(1871—1875) / 027

图 3-1 1871 年远征朝鲜期间的美国官员

镂斐迪面临了抉择。他要么撤退，要么将战事升级。然而，考虑到整个美国在亚洲地位的稳固，他选择了后者。他在冲突发生后的第二天给美国国务卿写信描述了他的困境："如果我们现在撤回，那么，我们在朝鲜的形象，我担心甚至是在中国，我们的形象都会大打折扣，我们在这两个国家的发展也必将损失惨重。"③因此，美国远征军选择了一个激进的方式，镂斐迪实施了一系列措施加强了美国军舰在朝鲜沿海的力量。在他给国务卿写信的第二天，镂斐迪派出了他的手下波斯威尔上校（Captain J.B. Boswell）去往上海执行一件特殊的任务——租用"米利特号"（Millet）民用商船或是同等吨位的其他船只装满煤炭，返回朝鲜。④

"米利特号"长 120 英尺，1869 年由苏格兰的一家船坞交付给轮船公司，而安德森正在这里工作。它的船体只有约 10 英尺高，这也适合在朝鲜的内河里航行。⑤波斯威尔上校一到上海就成功地租下了"米利特号"，接下来他大约用了一个星期的时间把船装满，然而，他不仅装

图 3-2　美国海军和一面被缴获的朝鲜帅旗

了煤，还有食品供给以及来自美国炮舰"阿修罗号"（Ashuelot）上的 4 门大炮，恰巧当时"阿修罗号"就在上海。⑥安德森最初并不在准备去往朝鲜的"米利特号"的名单中，但是，机会还是来了，用他自己的话说，当时的工作"有些单一乏味"，他就趁着这个机会："因为工程师本不愿卷入战争，我便被安排为第一工程师助理。当天晚上我就上了船。船上根本无需楼梯。整个船装得满满的，我在甲板上也只能把一只腿搭在船舷上。"后来他在自传中写道。⑦

"米利特号"除了补给还带上了来自"阿修罗号"的 4 名军官，于 1871 年 6 月 8 日完成例行海关手续，并计划在 6 月 11 日离开上海。⑧然而，一场台风的来临迫使该舰不得不在长江畔再待上一阵子。就它本身的载重来看，"如果我们要是冒险驶进大海，那么它极有可能现在已经沉入海底了。"安德森回忆道。⑨与此同时，身在朝鲜的美国远征军因为于 6 月 10 日的一系列小摩擦而很快获得了胜利，这些都得益于美国的装备优势。⑩换句话说，即使是"米利特号"没有被台风所延误，它的按时到达也不会对朝鲜海域之结果造成任何影响。毕竟，镂斐迪已经在等待的两周时间里失去了耐心。镂斐迪在他 6 月 16 日的日记中写道："对于'米利特号'的期待已经变成了巨大的焦虑，因为即使波斯威尔上校在抵达上海的即刻就能租下'米利特号'，它也已经派不上用场了。"⑪

图 3-3　1871 年 6 月，在美国舰船"科罗拉多号"（Colorado）上的朝鲜谈判者

第二天早上便传来了消息。镂斐迪写道："在吃早餐的时候，一艘汽船渐渐地驶入了我们的视野。而这正是我们期盼已久的'米利特号'。"[12]安德森的自传中也有这样一段与美国海军相遇的描述："我们在朝鲜的一个海湾里驻扎了三四天之后，从海军司令船驶来了一艘小船，他们告诉我们，早在我们到来的一个星期前，他们600名将士就已攻下了朝鲜人的堡垒，杀了300多个朝鲜人。"[13]在接下来的日子里，镂斐迪和那些美国军官们就在讨论是否还要继续征讨？似乎，镂斐迪正在考虑"米利特号"在后面的战斗中会起到什么作用，然而最后他却认为，尽管"米利特号"在朝鲜的河道中有着很好的优势，但这些似乎还是微乎其微："在进攻中，我觉得它没什么可用的地方。"镂斐迪在他的日记中写道。[14]

6月24日，准确地说当抵达朝鲜海岸的一周之后，"米利特号"抛下了锚。船上住进了9名朝鲜的基督徒，他们担心在这样一种反西方的浪潮之中会被针对冲击，他们便在美军征讨之际逃了出来。[15]此外，船上还有邮件，以及它带过来并没派上用场的大炮。[16]镂斐迪在他的日记中写道："'米利特号'今早起航返回了上海，它带回了从'阿修罗号'上拆下的装备，就是要告诉别人，船上所有的人员和装备都不会参与日后的征战。"[17]尽管安德森来得太晚而没有参战，但他也结识了一些朋友，并且他们的友谊持续了很多年。他在自传中写道："我在'米利特号'上后来认识了几位年轻的军官，其中的两位后来成了海军上将，后来，他们作为我的老战友到上海拜访过我。"[18]

安德森接下来的几年里都是在海上漂泊，但这些时光在他人生的记忆中却是很少提及。[19]在他的自传中，安德森仅仅提到了"直到1874年，我都在沿着中国的海岸线和河流漂流着"。[20]一个海员的生活还是很艰难的，当安德森年老之后，那些零零散散的言辞便能体现出来。20世纪20年代，当他在为退休的海员而向沃尔德玛王子和玛丽公主（Prince Valdemar and Princess Marie）基金会捐款时，正是那已随风飘逝的艰苦的青年时代深深地鼓舞了他："当我回想起当年自己的海上岁月，就坐

图 3-4 意大利画家乔瓦尼·博尔迪尼（Giovanni Boldini）的《水手》（Two sailors），1880 年。这幅画的主题似乎来自法国，但很像是安德森于 19 世纪 70 年代在他的工作中所遇到的那些人

在轰鸣火热的蒸汽锅炉前，或是置身于那些恶劣的天气，我真心希望，这些老去的一代应该享有基金会所能提供的舒适，而不应被遗忘在黄昏的衰老之中。"㉑

在上海轮船公司的工作让安德森得以有机会去看看中国那些已对外开放的地方。在 1856—1860 年第二次鸦片战争结束之际，战胜的大英帝国和法国逼迫中国打开了更多的对外贸易口岸。轮船公司背后的老板旗昌洋行也抓住了这个机会，在 19 世纪 60 年代，该公司在东海岸和长江沿线迅速建立了一些分支或办事处，其中包括汉口、九江、宁波、天津、厦门和镇江。与此同时，旗昌洋行借助于其相关网络又可以进一步地向内地拓

展,并且以同样方式成功地在日本建立了它的系统。㉒

因此安德森得以可能被派往日本的公司,于是在 1874 年安德森获得了一个在日本的新的工作机会。彼时,日本政府正在组织一场针对中国台湾的征讨。1871 年,因为有来自日本控制区琉球群岛的 54 名水手在台湾附近的一场海难中幸存,但却被台湾的少数民族所杀害。㉓当时现代日本海军才刚刚建立起来,他们不仅在舰船建造方面需要依赖于外国的力量,而且需要招募外国的水手担任船上特定技术专长的职位。㉔这也使得安德森接受了这样一份运输船员的工作,他便在日本的港口城市长崎上了船。㉕

然而,我们也无法确切得知安德森是上了哪一艘船。但有一些证据能够表明,他所登上的是已经有 15 年役龄的汽船"三角洲号"(Delta)㉖,这是日本政府花了 10 万美元从英国公司大英火轮船公司

图 3-5 1874 年,登陆中国台湾的日本军官与当地的部队

(Peninsular & Oriental Steam Navigation Company）手里买回来的,正是要用于对台湾的侵略战争中。[27]新的日本船主将其改名为"高砂号"(Takasago）并于当年5月进行了首次航行,此后,这也将成为长崎与在台湾南部登陆的日军之间的一条定期航线。[28]然而,安德森也只参加了其中一次航行,据悉是在1874年的秋天,随后便退出了。[29]

当时,台湾地区环境对日本人来说十分恶劣。曾在日本海军短暂服役的海军军官道格拉斯·卡塞尔(Douglas Cassel）在一封信中这样描述:"日本人的习性极其野蛮,他们连死者也要斩首并会将他们的头颅像其他的战利品一样带回去。"[30]然而,虽然战争本身并没有造成大量的士兵伤亡,但热带疾病却带走了许多日本人的生命,有的死在了台湾,有的则死在了回日本的路上。[31]安德森在自传中写道:"这些军人的结局是我一生中见过的最糟糕的事情之一,他们中有很多因发烧而返回,但很多人在返回的路上就已经死了。到了长崎他们还要被折起来装进罐子里再埋起来。对我来说,我再也不想遇见这种事了。于是我就下了船,回到了中国大陆。"[32]

第四章 落地中国
（1875—1880）

关于未来，关于是否愿意继续做一个海员，劳里茨·安德森一直处于长期的思想斗争中。最终，他决定永远离开大海。19世纪80年代后期，他在陆地上开启了新的生活，他成为了一名商人和企业家。与此同时，安德森第一次效力于一家公司——上海老晋隆洋行（Mustard & Co.）。从长远来看，这对他后来的事业产生了深远影响。该公司由美国特拉华州商人罗伯特·韦斯特·穆斯塔德（Robert West Mustard）创立于1868年。19世纪70年代中期，穆斯塔德加入了一位合伙人，查尔斯·卡罗·本尼特（Charles Carroll Bennett），这是一位来自马萨诸塞州的企业家。随后，公司的业务蓬勃发展，最直接的表现就是生意兴隆。公司主要进口罐头食品以及旅居上海的外国人所喜爱的其他东西。蒸汽船和电报的发明极大地提高了物流的时效，这也为这些小公司的发展带来了诸多可能。[①]

安德森后来告诉记者林克，他是在结束了海上生活的3年之后才开始与老晋隆洋行合作的。[②]这当然不是一次巧合，因为早在他还是一位海员的时候就已结识了穆斯塔德和本尼特。当时，这两个美国人正要寻找一位经验丰富并且了解东亚的海员。"他们当即就邀请我去日本收购古玩，但当时我还并不具备独立的商业能力，所以我拒绝了他们的邀请，选择继续做我的海员了。"安德森在和林克的谈话中谈到这段往事。[③]

图4-1 美国商人罗伯特·韦斯特·穆斯塔德创建了上海老晋隆洋行

然而,安德森没有马上在船上找一份工作,而是绕道香港,并在此通过了一项他称为"第一工程师测试"④的考试。所有这些都得益于当初在机械工程师学院的学习,该学院总部设在伦敦,而在大英帝国的其他管辖区域也有标准测试系统。该学院在香港并不开设任何形式的培训,只是当地的一些工程师作为代理来主持考试。⑤

1875年之后,安德森则固定在一艘拖船上工作,该船主要航行于上海南部的水域。这是他自己购买的蒸汽船,因为他想自己当老板,为自己挣钱。⑥他在自传中写道:"我的工作就是去帮助那些被海盗掠劫的中国帆船。这些帆船都是从中国北部港口出发,乘风而下,行驶至上海的南部,在此,他们经常会沦为海盗的牺牲品,船上的东西被洗劫一空,甚至还被扒下身上的衣服。迫于无奈,他们不得不收起风帆和绳索,停靠在小岛或海中的礁石附近。而我的工作就是拖船,并把他们护送到上海或是宁波的安全地带。"⑦

图 4-2 19 世纪后期，中国的走私船和海盗船

后来在 1876 年，安德森将他的机械业务转移到了中国北部的一个更大的城市——天津。此时，他在大沽驳船公司（Taku Tug and Lighter Co.）工作，并成为该公司三艘拖船之一的"探索者号"（Pathfinder）的在册工程师。⑧ 大沽是渤海湾的要塞和港口，由白河*连通天津。当地的地形严重地限制了海上贸易，大沽口的一个沙洲使得通行十分缓慢。因此，大沽驳船公司还会充当普通船舶的功能——从渤海湾携带乘客和货物到大沽港。"探索者号"也做着同样的事情。⑨ 换句话说，该公司虽然承担了重要的拖船职能，但是，它对当地贸易公司拖船业务收取费用却常常遭到诟病。⑩

1876 年末，安德森就离开了大沽驳船公司，那时，他其实已在天津成立了自己的工程公司，名为"建兴"。⑪ 在之后的若干年里，安德森定

---

* 今海河。——译者注

图 4-3 19世纪末的天津城地图

居天津,在一份类似东亚地区外国人年鉴的出版物中被列入"工程师,等"。[12]在自传中,安德森对经商的始末描述极为平淡真诚,他说:"我在生意上有了一些起色,虽然不是什么重要的贸易或行业,但我仍认真对待。"[13]

如此看来,安德森选择定居在天津似乎要比定居在上海更为明智——虽然上海在当时是大多数西方人来华的首选和理想之地。但不可忽视的是,在当时,天津沟通着中国南北的贸易,是南北贸易之路的枢纽;天津也连接着世界市场,它是一把打开中国国内外贸易的钥匙。[14]

第二次鸦片战争结束之后的1860年,天津被迫开放给英法贸易;后来,又进一步被迫接受其他西方列强的贸易。至此,天津也变得和上海一样,吸引着来自世界各地的商人们。与上海不同的是,天津紧挨着政治中心——北京,这种区位优势驱使着那些商人绞尽脑汁想要和皇家建立任何有利可图的关系。

在此不得不提到李鸿章。当时,年过半百的李鸿章无疑是清王朝最重要的官员、最引人注目的代表。论官职,他是当时直隶总督,管辖着中国北方的大部分地区;论外交,他是皇帝的外交使节,负责处理国际贸易相关事宜,所以他能接触到很多外国人。李鸿章信奉儒家正统思想,丹麦海军军官巴尔塔扎·蒙特记录了他拜访李鸿章时看到的情景:"早晨6点李鸿章就在他的办公室工作了,之后,我常看到他的二太太差遣他的两个孙儿去委婉提醒他该休息了,但他却一直认真工作到下午6点。"⑮安德森可能就是在19世纪70年代末接触到李鸿章的,他也因此逐渐和清政府建立起了密切关系,这对其机械公司的发展影响深远。没过几年,安德森就以一定的优势和朝廷建立起了广泛而有利可图的合作关系。

在与李鸿章及其下属的每一次接触中,安德森都认识到了中国复杂的文化规范在官僚机构中所占据的主导地位。蒙特曾对李鸿章身边普遍存在的该现象有过生动的描述:"你几乎很难想象,那时的天津居然存在比拜占庭式宫廷阴谋更复杂、更疯狂的情况。尤其是,朝廷军用物资一旦提上日程……所有总督府接待厅里的下属们都会被贿赂。甚至,只要你去见李鸿章,就会有两个通报出现在你面前,你可以清楚地看到他们的烟管里塞满了烟草,随身携带的酒壶也满满当当的。这一切让你可以确信,这就是你的竞争者所付的通报费。"⑯

或许,正是由于和李鸿章的关系,安德森才得以有机会接触到那些途经天津的重要人物。例如,很有可能就是在这个时候,他见到了美国前总统、美国内战中的将军尤利西斯·辛普森·格兰特(Ulysses S. Grant)。格兰特就是在1879年的环球旅行中来到中国的,⑰安德森对于和格兰特的会面极为自豪,他在自传中这样记载:"一天,格兰特在码头附近发现了一门深陷泥潭的美国重炮,他很想知道这门重炮是从哪来的。于是,我就把它吊装起来供他研究。在吊装的时候我就派人告诉了他。后来,他就问我:'你是怎么把它吊起来的?''用起重器。''你用了多少台?''就一台。''只用一台起重器?你是怎么做到的?'我解释了一番后,他拍了拍我的肩膀说到,'太棒了,我也曾这样吊起过我的枪炮。'"⑱

第四章 落地中国(1875—1880) / *039*

图 4-4 李鸿章,中国当时最重要的人物之一,也是安德森与清政府的重要联系者

图 4-5 1879 年,美国前总统格兰特访问中国期间与李鸿章的合影

第五章 为清政府服务
（1880—1890）

在19世纪80年代之前，劳里茨·安德森都在为清政府服务。那时他成了帮助清王朝建立一支现代海军的关键人物之一。同时，他与一些清政府要员建立了重要的联系，并持续了很多年。从某种意义上说，安德森正是19世纪后期深入参与中国现代化建设的西方人代表，与之前来华的西方人相比，他们这一代人对中国的国家和社会产生的影响都要深刻得多。

1880—1890年，安德森事业的发展仍然离不开李鸿章这个核心人物。这并非巧合。李鸿章作为当时极为重要的政府官员，也积极地寻求与外国专家接触和联系的机会，并将此视为增强国家力量的一个有效途径。①虽然当时中国的情况很糟糕，尤其是西方列强几乎已经把清王朝推入2 000多年以来最严重的危机之中。②正是在这种情况下，李鸿章愈加沉着冷静、达观务实，他认为中国确实比西方落后，科技上尤其如此，如果不借助于国外重要的援助，就难以打破这种窘境。

在李鸿章的救国核心战略中，有一条就是要把中国的海军建设成一支现代化的海军队伍。唯有如此才能洗刷中国在第一次鸦片战争中因无力反抗而遭受的屈辱。这已成为清朝政府官员的一个共识。然而，尽管认识到需要建立现代化海军，清政府在实际行动上却仍摇摆不定。直到1880年，才出现了两次有规模的海军现代化尝试，但均以失败而告终。③

图 5-1　李鸿章在天津府衙

在这个早期的尝试阶段，清政府建立了海军造船厂和兵工厂，一个位于今福建省东南地区，另一个则位于上海。随后，李鸿章被任命为中国北方最高行政长官*，又负责北方海军，即我们熟知的北洋水师就是他建立起的第三个海军舰队。为了争取第三个海军造船厂的建设，李鸿章曾这样说："需要维修的船舰都必须运送到上海或福建。这实在是路程遥远，浪费时间。"④

北洋水师的船坞在海河边的大沽，一方面，它连接了天津市和大沽港；另一方面，也可以作为北京的海上防御工事。⑤为了让大沽船坞更加实用，他精心组建了一个外国专家组，并给予他们绝对的话语权和决定权，此举加速了船坞的建成，帮助了中国在最短的时间内实现海军防御工事达到世界先进水平的愿望。德国商人德璀琳（Gustav Detring）是北洋水师建设的总负责人，他于19世纪60年代中叶受雇于中国，并且逐渐成为李鸿章最亲信的外国合伙人。⑥

为了建设干船坞，李鸿章将这一特殊的任务委派给了安德森和威廉·格兰特（William Grant）。格兰特来自英国，年龄与安德森相仿，他

---

* 当时李鸿章担任直隶总督。作者对官职的描述，译者持保留意见——译者注

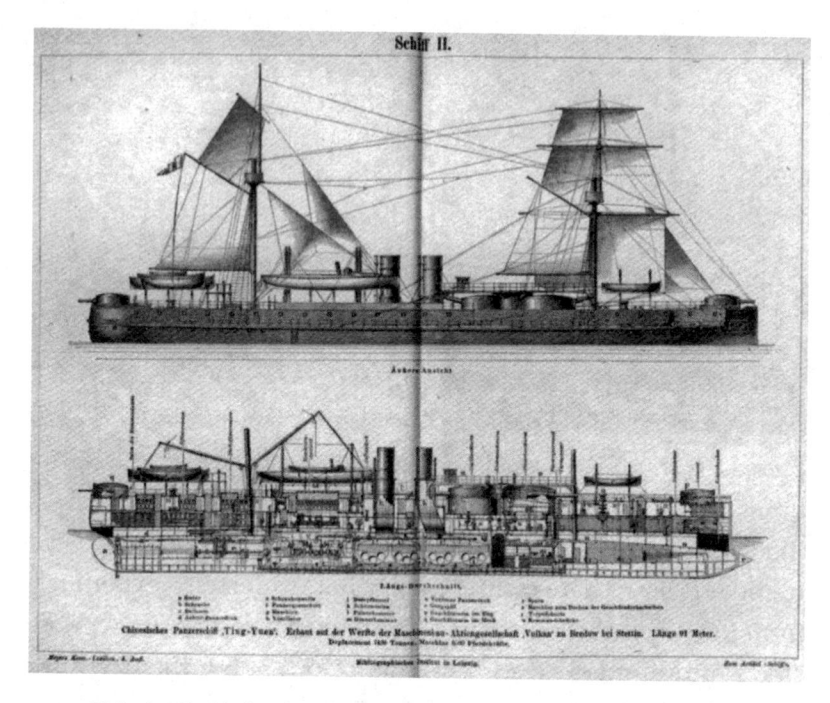

图 5-2　铁甲舰定远舰：现代中国海军旗舰，建造于德国，1881 年下水

那时还是"佩胡号"（Peiho）拖船的船长。⑦安德森 10 年前在哥本哈根海军船坞的经历无疑让他在此刻发挥了重要作用。显然，加入干船坞项目对安德森来说也是一个摆脱困境的重要机会，他的机械工程公司也借此被政府成功并购⑧。"当清政府问我是否能够接受此项工作时，我毫不犹豫地答应了。回望那些日子，虽然我有时不得不做勤杂工，但我至少也获得了可观的收入。"他后来写道。⑨至此，在《字林西报行名录》中，安德森成了一名官方认证的大沽船坞雇员，这意味着他即将开启一段全心全意效力于李鸿章的人生阶段。⑩

1880 年 1 月，干船坞开建，同年 8 月竣工。1881 年 7 月的一篇报道显示，一些底板没有达到预期的坚固程度，还进行了必要的返修重建工作。⑪然而，这并没有妨碍李鸿章授予"洋员安德森"⑫（李鸿章曾在其书信中这般描述他）双龙宝星勋章——这是清政府第一套功勋勋章，代表了官方

图 5-3 劳里茨·安德森在大沽修建的干船坞

授予的最高荣誉。还有一个有意思的事就是,安德森与李鸿章其实是语言不通的,他们之间的沟通一直都需要借助于翻译官,但他们之间的关系却十分融洽。安德森回忆说:"他不苟言笑,但我知道他是满意的。他在视察刚刚竣工的干船坞时,向我竖起了大拇指,并说了一声'好!'至少,依我所知的中文,足够理解他的意思是'很好',或者'很不错'。"[13]

当时西方人认为,干船坞的顺利运营具有里程碑的意义。《北华捷报》在 1881 年 8 月的一篇文章中指出,新的海军船坞已经被证明可用:"其中的设施都已通过检验,维修船只的所有功能在此都能得到满足。他们的工人将会在外国专家的指导下建设或修理海上船只。很可能用不了多久,这里就会开工造船。"[14] 但事实上,造船却仍只能停留于梦想。一方面,现有的干船坞容量有限;另一方面,当时的中国缺少掌握现代造船技术的专家。北洋水师舰船除了有一艘是在福州马尾船政局建成以外,其他船只仍只能从国外进口。

在完成大沽干船坞的建设之后,安德森于 1882 年被派往东北的旅顺港。彼时,旅顺还是一个小渔港,但李鸿章决定将它建设成为一个新的海军基地。旅顺港有着得天独厚的地理优势,毗邻朝鲜半岛,通达俄国和日本,其战略地位愈来愈重要。因此,考察此地能否切实满足一个海军基地

62　的建设迫在眉睫，安德森又成了这项工作的先行者。"我要在海湾勘探、钻孔、取土，看看它是否可以挖得足够深，是否能够满足一个军港和一个干船坞的要求。"安德森后来谈道，完成先行考察后，他给当时的中国海军提交了一份勘探报告。⑮

　　旅顺港在后来的两次战争中为世界所知。第一次是中日甲午战争（1894—1895），中国在旅顺抵御日本侵略；第二次为10年之后的日俄战争，沙俄侵占了旅顺之后，也是在此抵御日本的进攻。安德森在其自传中如实写道："1918年，我再次来到旅顺港，我看到船坞和港口正是修在了我当时选的位置上，但沙俄在港口周围建设的防御工事也已完全被日本人销毁。"⑯

　　实际上，安德森在旅顺港只参与了初期建设，后来，他被紧急调往内陆，因为政府刚刚发现了一些储存量可观的煤矿，需要大批勘探者。寻求新的煤炭储备是李鸿章奉行海军政策的必然结果。北洋水师以及中国其他现代海军舰船均是蒸汽驱动，此前不得不大量进口国外的煤炭。为了扭转能源依赖他国的局面，李鸿章早在1877年就在河北唐山开辟了开平煤矿，并于1881年在此修建中国最早的铁路之一——唐胥铁路，将这里的煤炭输送出去。⑰

64　安德森后来承认，这项任务与先前不同，因为他并没有相关的资历。"当时，他们甚至都没问我是否具有这方面的专业背景，我确信他们认为我是有的。如果我没有，那么快点补上！你必须当即去学习你将要解决的问题。然而，如果没有相关的文献，那你就得依靠直觉。"他后来这样说起这件事。他所面临的多样工作让他非常感激他在丹麦早年所接受的实践教育。同样重要的是，他先前的训练使他成了一个"多栖专家"，并能很快进入新的任务挑战："哦，是的，我确实面临过许多没有准备，甚至从未想象的工作，你知道是什么让我得以面对它们吗？正是我在丹麦海军船坞接受的教育和实践经历。我真的非常感激那段日子。"⑱

第五章 为清政府服务（1880—1890） / *045*

图 5-4 1898 年被俄国占领的旅顺港

图 5-5 1881 年李鸿章在唐胥铁路的启动仪式上

安德森现在是清政府的长聘雇员,并在大沽船坞获得了"首席工程师"的正式头衔。同时,他还获得了相当于中国海军上尉的军衔。[19]安德森与首席造船师格兰特并肩工作。同样效力于清政府的德国商人德璀琳官职更高,他与中国官员马韬泰共同担任海军造船厂的负责人。[20]这段时间大概是安德森离中国政权最近的时候,日后可能再也不会有。"我在这里待了4年,并与丁汝昌将军和其他一些海军将领建立了联系,我与他们的关系都非常友好,"安德森后来在自传中写道,"10年后的1894年,北洋水师与日本海军在威海港的'鸭绿海战'*中损失惨重,几近覆灭,我的那些老朋友都吞鸦片自尽了。"[21]

然而,安德森于1884年辞去了清政府的工作,因为他的哥哥罗伯特·安德森作为一名海员已经在东亚生活了很长一段时间,忽然思乡急切,想回丹麦了。劳里茨·安德森便决定与其同行。[22]他在丹麦待了一年多,故地重游,去重温儿时的记忆,去看他曾经最爱的地方,包括北西

图5-6 丁汝昌将军,在甲午海战不敌日本之后而自杀。图为日本画家水野俊彦(Mizuno Toshiikata)所作

---

* 此处疑似作者表述有误。"鸭绿海战"应为"黄海海战",且北洋舰队最后的覆灭是在威海卫之战。——编者注

兰岛，还有基克·斯蒂灵厄。㉓他还去看望他的母亲，见到了他的弟弟彼得·安德森（Peter Anderson）——现在是哥本哈根一家手套店的匠人。然而，令他印象最深的是 1884 年 10 月 3 日发生于克里斯蒂安堡的那场大火。安德森后来回忆道："毕竟，这是我童年的城堡，在这里，我曾看到国王向平民招手。而今，我就站在阿麦广场（Amagertorv）的寓所窗前，眼睁睁地看着它熊熊燃烧。大火烧了两天两夜，我却只能看着它沦为废墟，无能为力。如今，我一想起这座城堡，我都能真切地感受到那火焰的炽热，甚至清晰地听到厅堂垮裂的声音。"㉔

初回丹麦之时，安德森信誓旦旦想要在家乡开启一个崭新的事业，但计划赶不上变化："过了一年之后，我便笃信，我根本不属于这里。说实话，我生于斯长于斯，在丹麦待得太久了，有一点厌倦。所以，我又一次离开了她。"安德森的第一站就到访了英格兰，因为他曾在一家可算是英格兰最大的机械制造厂学习了很久的机械工程技术。㉕然后，当他再次回到中国的时候，一切都没有太大的变化。比如，他的前同事格兰特仍在大沽工作，定居在天津，直到 1890 年去世，享年 40 岁。㉖安德

图 5-7　克里斯蒂安堡的大火　插画出自丹麦某新闻报纸

森虽然并没有向清政府要求恢复职位,但直到 1886 年,"机械工程师"的名单上仍然有他的名字,记录着他是一名"天津籍的外国专家"。㉗此间,他也一直在天津逗留。

1888 年,安德森从天津出发,开启了去往长城的旅行。他到了北京,但从皇城到长城还有一段不短的路——骑上毛驴还得花上 3 天时间。然而,一切都是值得的。"站在长城的关口,仰望真正的长城,真是一个有趣的体验,"他后来谈道,"人们常说,'不到长城,不见中

图 5-8 长城脚下的驼队,拍摄于 1900 年左右

国',我非常赞同。"㉘从他的旅行中也能看到他商人之外的一面,例如,他很爱动物且极富同情心,"有时路很难走,我就下来,让侍童牵着驴子走。我真的很担心精疲力竭的驴子会摔断了腿"。㉙将近40年之后,他仍记得一支旅行队曾在一片荒芜而又干旱的山路上丢下一匹将死的骆驼。㉚

尽管安德森定居于天津,但他却在上海停留的时间愈来愈多,因为,他在上海成立了一家工程咨询公司。此时,安德森仍在1888年出版的一本来华外国人名录中,虽然他也不清楚自己的咨询公司和老晋隆洋行合作到底是怎么回事。㉛据安德森所言,他的公司业务一如10年前所做的——洋货进口。他的顾客大多数是旅居中国的外国人,但同样也有愈来愈多的中国本地人对"洋货"产生了兴趣。老晋隆洋行所经营的商品品类繁多,包括果酱、盐、胡椒、奶酪、糖粉、油、醋、调味酱、面粉、白兰地、葡萄干、威士忌、香槟、雪利酒以及苏打水。该公司同样将煤炉带到了中国的北方;有意思的是,在一些大城市,人们把朗姆酒当作洗手液洗手也流行了起来。㉜"我们将'物美价廉'作为经营原则,但事实上不同品牌的商品质量也是有差异的,这也是价格参差不齐的主要原因。"安德森后来谈道。㉝

第六章　烟草行业
（1890—1895）

第一个把机制香烟引入中国的是老晋隆洋行，这种机制香烟在世界各国都广受欢迎。位于上海南京路的老晋隆洋行一楼有一个规模不小的香烟生产车间，这是中国烟草行业走向现代化的第一步，劳里茨·安德森在这个过程中起到了关键作用。有数据表明，这一时期该公司的香烟年生产量均超过了2.5万亿支。①

香烟制造是一种高度的劳动密集型产业，即使是熟练工一天工作10小时也卷不出3 000支香烟，而一般的工人一天也只有不到2 000支。②因此，19世纪末烟草行业发展的特点在于科技创新激励着技术变革和发展。③就像企业家们渴望的，如果可以用机器自动化生产，不仅能够简化生产过程，而且可以大大地节约成本。艾伦·金特烟草公司（Allen & Ginter Inc.）最早做出这样的尝试，他们曾以7.5万美元的奖励悬赏一款可行的香烟制造机器的设计。其实从19世纪70年代初以来，此类设备也出现过一些专利技术，但却没什么实用价值，难以付诸实践。④

直到19世纪80年代初，经过了若干年狂飙式的科技发展，美国工程师詹姆斯·彭萨克（James Bonsack）成功研制出了一款能实现量产的香烟制造机器。⑤"这是一款绝妙的机器，"一家报纸对此叹为观止并详细描述了它顺畅的工作流程，"你只需从一端加入烟草，另一端便会迅

图 6-1 1900 年左右老晋隆洋行在上海的办公地及仓库

速地掉下完美的香烟。是的,你不用怀疑,所有的工作都在它的内部独立完成了。"⑥ 这款机器的经济优势是十分明显的——只需要 3 个工人就能够完成作业,一人负责操控机器,一人负责添加烟草,一人负责添加卷纸,而且一台普通的彭萨克机器一天能够生产 1.2 万支香烟。这意味着生产 1 000 支香烟的劳动力成本由先前的 96.5 美分降至 8.1 美分。⑦

为了生产和销售这款机器,彭萨克家族于 1883 年创立了彭萨克机械公司(Bonsack Machine Co.),总部设在了弗吉尼亚州林奇堡市(Lynchburg),同时开始广泛地寻找合作伙伴。⑧ 1885 年春,彭萨克公司与杜克烟草公司(W. Duck, Sons & Co.)达成合作,他给予杜克烟草公司永久的优惠权,也因此,杜克烟草公司在美国一骑绝尘,奠定了其烟草大王的地位。⑨ 不久,彭萨克公司便将目光投向了全球市场,并于

图6-2 19世纪90年代,香烟市场迅速发展。图为一家德国香烟品牌"拉芙姆"(Laferme)的广告

1888年12月和一位资深的企业家——里查德·哈维·怀特（Richard Harvey Wright）签订了合约，担任其在"在亚洲和非洲大陆及其周围的岛国如马耳他、菲律宾以及印度尼西亚地区"⑩的代理人。然而，杜克烟草公司也会因为煮熟的鸭子不翼而飞而感到苦恼，因此，它总是希望抓住每一个具有潜力的海外市场。而这种忧患意识在詹姆斯·杜克（James Duke）身上体现得最明显。杜克是公司的主要领导人，也是怀特的好朋友。在一封写给彭萨克的信中，杜克脾气暴躁，扬言要资助一个能够发明"一台更优设备"的人。尽管如此，他从未落实这种说法。彭萨克本人一直相安无事，并一如既往地与怀特保持着良好的合作关系。⑪

为了将制烟设备销往非洲和亚洲地区，1890年冬天，怀特来到了上海。⑫在接触到穆斯塔德和本尼特之前，怀特还曾联系过一位不知姓名的英国商人，但没有下文。这两位美国商人，立刻找到了安德森，希望与

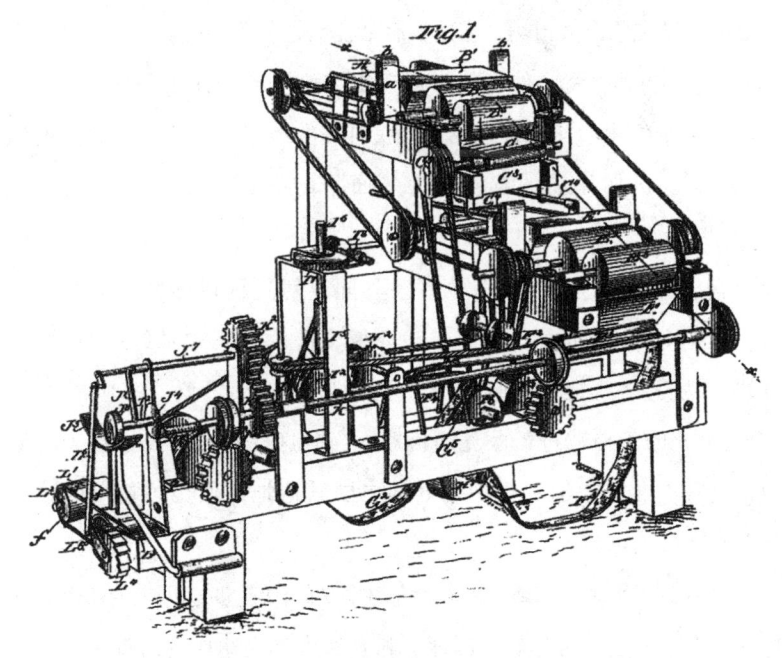

图6-3　彭萨克机器专利申请的原始图

图 6-4　美国商人里查德·哈维·怀特

他合伙,或许他们看中的是这个丹麦人的机械工程师身份。"他们认为这是一个潜在的巨大市场,当然,后来证明他们是对的,"安德森后来谈道,"我当即接受了他们的邀请,并且承担起三分之一的风险。现在回想那个场景,又不禁让我想起我再一次地迎接了我几近无知的伟大事业"。正如先前一样,作为多面手的安德森很快就投入实践当中。⑬

有史料表明,起初,安德森及其同事对这种机器并没有多大兴趣,但是1890年2月,他们在与怀特交涉的过程中最终被打动了,并决定为这个新技术冒险一试。他们通过口头协议,答应以每台7 000美元的价格购进彭萨克的机器。当时这批机器已经运到了马尼拉的仓库,他们享有在香港之外的中国其他地区使用该机器的独家权利。⑭

之后,怀特去了菲律宾。在此他才得知,从欧洲运过来的机器在途中受损以至无法正常运转,因此,和安德森等人达成的协议不得不中止。随后怀特在开罗写了一封信给老晋隆洋行,大致内容是说,他与该洋行需要商定新的协议,并要为他们提供一台新的机器,价格仍如先前所定,并附上了一些确切的条件,例如,该洋行只能在中国境内使用该技术、不得仿造该设备等。⑮换句话说,合作双方从一开始就明确了知识产权的归属。老晋隆洋行在 7 月 18 日寄给怀特的一封信中同意了他所开的条件。⑯

显然,"上海协议"是怀特对彭萨克机械全球战略布局的一部分。除了中国,怀特还成功地找到了其他买家,如南非的伊丽莎白港城、印度的孟买和菲律宾的马尼拉。⑰所有的设备都是在法国生产组装,即使是美国市场上的第一台彭萨克机器也是在这里生产。⑱据资料显示,怀特"极具远洋思维",并且具有全球视野,这一点"远超过当时其他的美国商人"⑲。在这方面能与其媲美的或许只有詹姆斯·杜克了。而事实上,杜克看好香烟的全球市场并认为其存在巨大潜力,从一开始,安德森和老晋隆洋行的通力合作使得他们与美国烟草行业的关系陷入了窘境,甚至是敌对。

图 6-5　詹姆斯·杜克,杜克公司的领导人之一

杜克的野心刺激了其他 4 家美国烟草公司。[20]其中，至少有 2 家公司和老晋隆洋行之间有商业合作，该洋行是他们在中国的香烟销售代理，包括杜克公司的卡米奥牌（Cameo），艾伦·金特公司的里士满牌（Richmond Straight Cuts）。[21]

即便安德森等人已经购买了彭萨克的制烟设备，虽然他们有能力自销自产，但仍希望与上述公司继续保持合作关系，因为只有合作才能规避竞争的风险。但老晋隆洋行并没有幻想这种利益竞争的天性会消失。1890 年 5 月初，购买彭萨克设备的协议仍在进行，本尼特在写给怀特的一封信中就表示："不到万不得已，你们最好都不要让美国其他烟草公司知道我们买了这样一台机器，因为我们会抢'卡米奥'和'里士满'的生意。虽然我们只是希望做一些能够被本地人所接受的非常便宜的香烟，但是如果他们真的知道了我们将要这么做，很可能，他们会中止与我们的合作，甚至是会强烈地反对。"[22]

中国引进彭萨克技术的进程一再受阻。起初是第一台设备在菲律宾受损而不可维修，怀特虽然向老晋隆洋行保证了要从亚历山大港（Alexandria）送一台新的来，但是安德森等人担心还是会再次受损，就拒绝了这一请求。[23]最终，1890 年 9 月，一台彭萨克机器从纽约的仙女港（Port Fairy）直接被运往上海。[24]同年 12 月 24 日，该设备抵达上海[25]，并被安装在了南京路老晋隆洋行的一楼。该公司的办公室同样在此地，他们的职员可以全方位地跟踪香烟的生产过程，以便尽快掌握这一技术。[26]

与此同时，怀特还派了一位设备工程师——威廉·赫尔斯（William Hulse）去教当地的合作伙伴们如何使用彭萨克设备，赫尔斯是 12 月 27 日抵达上海的。[27]赫尔斯一路途经了马尼拉和香港，他在马尼拉刚刚完成一项对当地烟草公司的设备介绍。[28]在赫尔斯的部分通信中，他曾提到过"一位老晋隆洋行的人将要接受培训如何使用设备"。在另一封 1891 年 6 月的信中，赫尔斯提到了某个"他们的人"，该人极有可能就是安德森，因为，安德森早年在艾柯夫机械厂做学徒的时候就已经获得了一些

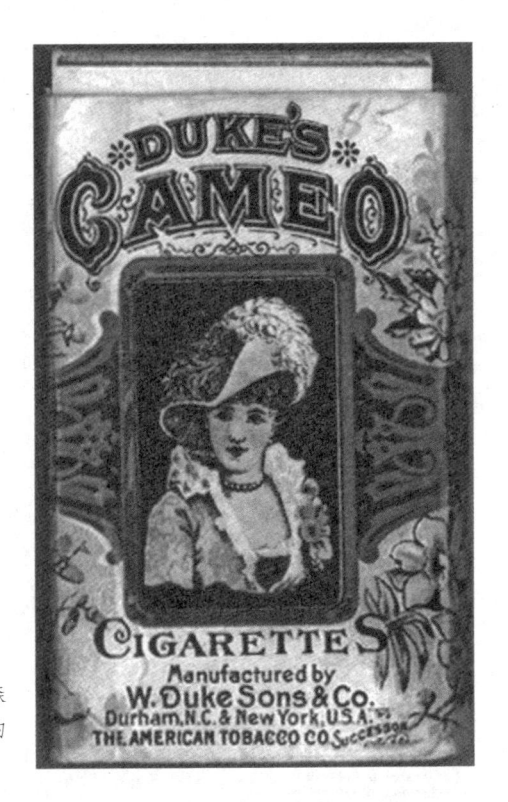

第六章 烟草行业（1890—1895） / 057

图 6-6 卡米奥牌香烟，安德森在中国代理杜克烟草公司所售的品牌之一

机械方面的专业知识，尤其是在印刷方面。这些技能同样也是香烟生产的一个重要部分，因为香烟的包装盒及其品牌标识都需要印刷。㉙

虽然，种种迹象表明，赫尔斯极为聪明睿智且经验丰富㉚，但他一到上海并没有立即投入工作。因为，实在不幸的是他离开美国公司的时候出现了一个小小的失误——他上船的时候，把一组设备专用的刀具和烟草生产的纸卷落下了。㉛赫尔斯只能着急忙慌地给怀特写信，叫他速速把这些东西从马尼拉寄过来。因为他认为，那台被损坏的机器上肯定是带了这些东西。㉜"老晋隆洋行对这台机器抱有极大的兴趣，我认为，如果我们能当即展开工作，他们一定能够赚大钱。但现在东西都还没有到，我们无法展开工作。"他在1月末在给怀特的信中这样写道。㉝

很快，所需的东西都到了：一组3只装的刀片和24捆纸卷。赫尔斯

的工作便可以开始了。但是,新的问题又来了,老晋隆洋行在给怀特的信中写道:"赫尔斯先生虽然将中国的烟草填进了机器,但根本不管用,因为这里的烟草油太大了,根本无法卷到一起。"㉞过了好些日子,老晋隆洋行的人才好不容易找到了一种能够适用这台设备的烟草。付出终见回报。2月初,安德森等人换了一种低油的本土烟草之后,他们已经顺利地生产出大约10万支香烟了。㉟

问题总是层出不穷,他们很快又遇到了新的问题:赫尔斯很快就用光了所有24捆纸卷。其实在这之前,他就很气恼地写信给怀特:"你为什么不快点……赶紧给我从美国发些纸卷过来。巴黎人连一根毛都没发给我,他们肯定是不买账了,简直是音信全无!你说现在我们该怎么办,到底是从巴黎发还是从美国发?"他的信中带有一种隐隐的威胁,如果不尽快解决问题的话:"我过不了几天还会给你写信的。"㊱后来,

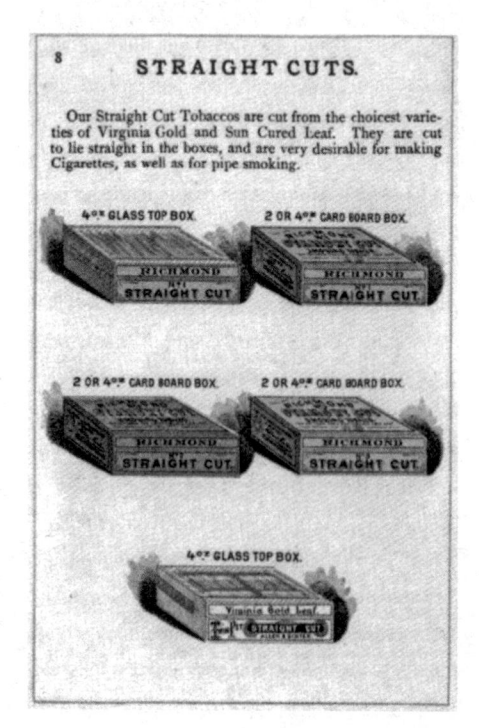

图6-7 老晋隆洋行在中国所用的弗吉尼亚包装盒

在一封2月2日给怀特的信中，赫尔斯又再次抱怨根本就没有巴黎来的卷纸："现在我的工作无法推进了，我从马尼拉带过来的最后的卷纸也用完了。"㊲然而，一个半月之后，赫尔斯离开了上海，去往了菲律宾，还是没有下文："我不知道，没有了纸卷，这些对香烟心心念念的人该会多么焦急，简直是绝望了。"㊳因此，他们拒绝了怀特1月寄来的5 000美元的账单㊴，虽然原本答应在2月份香烟生产启动之后就要支付。㊵

从赫尔斯写给怀特的信可以看出，他是愈发沮丧和懊恼。显然，怀特经常与亚洲失联，只留下赫尔斯一个人在那干干巴巴地等，手足无措。此外，赫尔斯还得顶着他家庭的压力，虽然他在上海和马尼拉的工作都只有60天，但他的妻子却还在俄亥俄州希尼亚，正焦急地等着他快点回家。㊶然而，他回家的行程又拖延了，菲律宾的烟草公司对他的工作很满意，希望他可以回马尼拉。"如果你想让我去马尼拉，请不要告诉我的妻子。"赫尔斯在1月份寄给怀特的信中写到。㊷一个多月之后，他又再次提及："照顾一下赫尔斯太太的精神状态，从她给我写的信中可以看到，她已经很失望了，她盼着我尽快回去呢。"㊸而在四月的另一封信中，赫尔斯的语气一下子焦急起来："请快去看看我的妻子怎么样了，尽快写信告诉我。从12月到现在，我给她写了很多封信，可是都没有回音。我不知道发生了什么，我不敢想。一定是出了什么事情了吧，我得知道她现在是否安好。"㊹经过苦苦煎熬，赫尔斯最终在1981年夏天从马尼拉出发，途经上海，踏上了返回家乡的旅程。㊺

尽管当时中国的外国租界普遍禁止烟草生产，但老晋隆洋行仍然进入了香烟制造行业。这条禁令人人皆知，似乎这也解释了为什么当时之中国仅有一家外国香烟制造公司，即由资本家爱德华·勤努·霍格（E. Jenner Hogg）所创办的手制香烟厂，然而，它也只是在浦东，而不在外国租界区内。㊻不过从现有资料来看，并没有迹象表明安德森等人曾经就此担心过违反了中国之禁令会带来什么后果，因为他们根本就没有提及这些规定。此外，老晋隆洋行也没有任何隐瞒他们香烟生产的企图。相反,似乎有源源不断的参观者想要看看他们带过来的神奇的机器。即便在怀特和老晋隆洋行的往来信件中对于此事也没有丝毫提及,这也表明,其实际意义可以被视为零。直到1895年4月《马关条约》的签订标志着甲午战争的结束,这一禁令便也被随之解除了,因为该条约赋予了日本在中国境内制造商品的权利,并且由于现成的做法,其他国家也就被推己及人了。⁴⁷这个事件在有关怀特或老晋隆洋行的任何资料中都未提及,可能意味着实际作用并不大。

安德森等人急切地希望开启这台新机器,在一封信中,他们要求尽快把备用的材料发过来。他们特别要求用富国银行的运输公司,而不是一般的物流,这样的话,货物或信件都会快很多,也就能够赶过竞争对手。当然,这样的话成本必然就增加了。⁴⁸早在1891年2月,老晋隆洋行收到了第一批由格拉摩根公司(Glamorgan Co.)生产的备用物资,该公司总部和彭萨克机械公司一样都在林奇堡市。⁴⁹遗憾的是,并不是所有的备用物资都能派上用场。在一封致怀特的信中,老晋隆洋行称,当更换了一个美国寄来的新齿轮后,"我们发现,生产出来的香烟的长度要比原先的长十六分之一,如此一来,我们的包装盒子就装不下了。我们在查明差异的过程中发现,原来的原装齿轮有75个齿,而新齿轮只有73个齿。我们也只能试着修一修那个旧齿轮,让它尽量用得久一点,我们希望你能尽快地给我们发两个新的75齿的齿轮来。"⁵⁰

技术难题很快就迎刃而解了。因为,老晋隆洋行是世界上第一批运用机械设备生产香烟的公司之一,这样一个老牌企业,自然有应对困难的能力。例如,老晋隆洋行曾联系纽约的一家公司用硬纸生产香烟的烟嘴,但由于物流的延误,他们不得不自己尝试着制作烟嘴。1893年初,他们写了一封信向怀特诉苦,这项看起来十分简单的工作,在具体操作的过程中却困难重重,"我们就照着你说的那样努力地做了,但是发现,粘合起来实在是太困难了。你能告诉我们应该使用哪一种胶水或黏合剂

图 6-8 早期的彭萨克机器

吗?还有,他们香烟盒的胶水又是哪一种?你知道,黏合薄薄的纸很容易,可是硬纸真的是这种面粉糨糊的克星。我们也尝试了所有薄纸壳和各种各样的胶水或糨糊,都没有成功。"[51]

祸不单行,汇率的变动是引发跨国交易的又一个动荡因素。老晋隆洋行深受其影响,因为它的大部分钱都是在中国赚的,这里的货币体系仍然是银本位制,但是它购买生产材料所需的巨额费用却必须转换成金本位制。美国也是如此,该国早在 1873 年就开启了金本位制。1892 年末,本尼特身在美国,他在一封致怀特的信中提到了这种影响:"现在,我几乎没法开展生意了,购买任何东西回中国都要大幅折损银价,我们必须用金价来付。这意味着,我们的每 1.5 美元只相当于 1 美元了。"[52]

上海湿热的气候对老晋隆洋行来说同样也是巨大的挑战。1892 年的一个夏天,当大量的香烟已经送到了零售商的手上,居然发霉了。这简直是个谜!因为进口美国的香烟根本不存在这个问题,仍然是干燥的。[53]而偏偏,这个土生土长的香烟品牌、这个老晋隆洋行全力打造的品牌,却遭遇到了这样的尴尬。但老晋隆洋行最后还是积极应对了这一问题："我们的装运是有问题的，在送往其他港口的过程中条件太差了，这可能是我们的香烟发霉的关键原因。我们现在必须等到新的包装设计到位，才能再次将香烟投放市场。"[55]

关于老晋隆洋行所遭受的经济损失，现有资料并没有一个清楚的记录，但其受打击的程度是可以想见的。安德森后来指出，在他们创业的早期，直到 1982 年底，公司不得不销毁 200 万支无法销售的香烟。[55] 上海不可预测的天气导致他们的市场发展计划不得不搁浅，例如，数场大雨就能让他们一整栋烟草大楼的工程建设搁置。[56]

当安德森等人启动彭萨克项目的时候，香烟对于那时的大多数中国人来说还是一种稀罕物。香烟第一次被提及是在 1863 年中国的英语出版物里，当时上海的《北华捷报》曾报道，中国的劳工们会将他们的香烟放在扁担上。[57] 直到 1871 年，长老会传教士师惟善（Frederick Porter Smith）写道："只有广东人才有接触雪茄和香烟的机会。"[58] 香烟之所以在华南地区出现是因为 1800 年左右菲律宾就已经出现香烟的生产，并且经由海上贸易通道进入中国这些地区。[59] 虽然香烟在中国的初期发展经历了数十年，但直到 1890 年，在老晋隆洋行取得彭萨克技术的使用权之前，香烟在消费者的接受中仍然是边缘化的。有市场空白才有发展潜力。19 世纪 90 年代，无疑是香烟全面进入中国市场的关键期，不同品牌如雨后春笋般的出现就意味着中国消费者对香烟的普遍接受情况。

1891 年 2 月，赫尔斯曾在致怀特的一封信中就当时上海之情况和老晋隆洋行对新产品的体验有过详细的描述，同时能反映出当时中国人对香烟的兴趣："他们已经卖完了我所生产的全部香烟，有些顾客非常着急地就把刚生产出来还没装盒的香烟买走了，甚至有个人在今早过来一下子就买了 10 万支，还有个家伙甚至声称'有多少就要多少'。"赫尔斯最后还写道："安德森等人对我们的机器燃起了极高的热情，他们希望再要几台，或许是三台或四台。"[60]

图 6-9　1890 年左右，杜克公司在香烟盒里放置的卡片，该卡片的设计融入了中国元素

赫尔斯肯定了中国市场的前景，但从一些其他资料来看，可能他对中国市场上机制香烟的接受程度的判断略有夸大。1891 年春，老晋隆洋行经历了一个相对困难的阶段。一直到 6 月，他们仍无法将他们所生产的香烟全部卖出，即便当时原材料纸卷的供应有限。[61]或许，我们能够找到一些销售额不高的原因。对于大部分当时的中国人来说，香烟是个新东西。中国市场香烟的引进首先就是要说服零售商们这是一个可接受的产品。当然，老晋隆洋行还得承受一系列经济损失，例如，因一系列不可避免的问题而不得不销毁香烟。

还有一个因素就是，老晋隆洋行在宣传上也困难重重。最主要的是他们难以说服中国消费者更倾向于接受本土香烟而不是国外的品牌。不得不承认，彭萨克机器生产的香烟虽然价格实惠，但是质量也一般，只能吸引普通收入水平的群体。那些繁华区域或更高阶层的人们，依然坚持购买进口香烟。换句话说，进口香烟象征着更高的身份地位，这对老晋隆洋行是一道天然障碍。因此，在 1891 年 5 月致怀特的一封信中，安德森等人提出，他们应该"用上一点小伎俩"，希望通过"品牌"来搏一搏，例如他们把"纽约雏菊"（The Daisy, New York）、"美国香烟"（American Cigarette）这些字样印在香烟包装上——即便事实上这是实实在在的中国制造。[62]

在引进彭萨克机器最初几年里，老晋隆洋行的香烟销售情况虽然尚未找到详细的财务文件记录，但我们依然能够从老晋隆洋行和怀特的通信中略知一二。度过 1891 年的落寞期，1892 年春，老晋隆洋行的香烟也迎来了真正的春天，销售量已经大有提升。他们计划再购入一台机器。[63]后来，这台机器仅在 1893 年的前 4 个月就产出了 140 万支香烟。[64]

安德森凭借着机械工程师的背景，在彭萨克设备运行之初就顺利掌握了操控技术。在最初两年，他有时候会想，新的技术必然会带来新的实践挑战，去一趟美国也许有利于解决当下或未来所要面临的问题。因此，1893 年 5 月末，安德森搭乘"日本女皇号"（Empress of Japan）轮

图 6-10　亚历山大·卡梅隆（Alexander Cameron）在里士满的烟草种植园，安德森非常想去看看，但一直未能如愿

船离开了上海去往了伦敦,再经由伦敦抵达芝加哥。⑥穆斯塔德在致怀特的一封信中谈到了安德森此次旅行的目的:"我们希望能够找到一些东西,带回一些理念,这些东西或理念能够更好地指导我们发展香烟生意。毕竟,我们当前的问题还很多,我们总是在原产品(烟草)和成品(香烟)这两个关键层面出现差错。"⑥

安德森于6月末抵达了美国芝加哥⑥,参观了哥伦比亚世界博览会,这是一次纪念哥伦布发现美洲新大陆400周年的盛会。⑥可见,安德森的美国之行带有鲜明的教育意义。他想要深入了解美国的烟草行业,所以在他抵美的次日,一个夏日炎炎的早上,他就迫不及待地出发去往烟草的主产区——弗吉尼亚州和北卡罗来纳州。⑥遗憾的是,这些地方的烟草生产者都具有强烈的专利保护意识,安德森并没有看到什么大的烟草植株。尽管曾有个熟人尝试着为他说情,希望能够允许他去参观一下亚历山大·卡梅隆——当时弗吉尼亚最为有名的商人之一——在里士满的烟草种植园,但最终还是失败了。⑦

结束了美国南部之行之后,安德森花了2天时间参观了马里兰州的巴尔的摩市,主要是来看看干燥器与冷却器。安德森觉得价格虽然超出了老晋隆洋行的预算,但对于他们来说又别无他选,只能接受。加上他刚刚接到来自上海的消息:"和往年夏天一样,香烟在潮湿的空气里再一次发霉了",他便下定决心要把这些超出预算的机器带回上海。"虽然我不是很明白其中的原因,"安德森在给怀特的信中写道,"烟草在制作的过程中已经是干燥过的了,而在阴雨天,香烟在装盒之前,我也是亲手干燥过的呀!"⑦

1893年9月16日,安德森搭乘"日本女皇号"从温哥华返回了上海。⑦他在美国北部旅行的途中购买了大量不同品牌的香烟,跨越太平洋,不远万里带回了中国。这些香烟虽然历经重洋,但依然完好无损;但到了上海,不过6天时间,它们又开始变白发霉了。"似乎我们永远无法克服了这令人讨厌的天气。我几乎已经心灰意冷,成功对我们来说近乎一种奢望。"安德森在给怀特的信中写道。同时,他还提出,是否存在某种化学物质,能够抵挡得了上海的这种鬼天气?他还特别指出他曾在利物浦的一家工厂买的香烟至今依然保存良好,即便是在上海这种潮湿的空气中度过了三四年了。⑬

回到上海之后,安德森及其合伙人又成立了一家新公司——利生烟草公司(Mercantile Tobacco Co.)。美国之行进一步巩固了安德森在老晋隆洋行作为烟草专家的地位,他也顺理成章地成了新公司的总经理。⑭关于老晋隆洋行成立新公司的动机我们无从确切知晓,或许他们的主要目的就是要转移或者缓和内在矛盾:一方面,老晋隆洋行是众多美国香烟品牌的代理公司,另一方面,由于他们本身就涉及香烟的生产,因此同样是这些品牌的竞争对手。但实际上,"代理公司"和"竞争对手"的内在矛盾并未因新公司的成立而弱化,因为,就现有资料来看,美国烟草公司依然是百分之百属于老晋隆洋行的主要合伙人。

安德森以他饱满的激情和力量迎接着他的新使命。与詹姆斯·杜克等烟草先驱一样,他对广告的重要性深信不疑。他曾透露过这样一个观念:"现在,人人都知道我们是世界名牌,那么,我们的销售自然就是小菜一碟了。但在早些年,这还真要花大力气!我们在广告上投入了大量的资金,我们一定要走在其他新生竞争对手的前面。我甚至亲自跑了许多地方,来确定我们香烟的知名程度,首先是中国市场,其次是日本。"⑮

安德森的付出终于有了回报。他的美国之行似乎成为了老晋隆洋行在中国推广机制香烟业务的一个转折点。1894年,公司生产并售出了463万支香烟,1895年为453万支,发展大致平稳,而到了1896年则降至395万支。这意味着新一轮的销售量暴涨即将来临。果然,1897年,老晋隆洋行的香烟产量攀升至550万支。⑯在安德森从美国归来之后不到2年的时间里,他们的利生烟草公司就已经在中国烟草市场赢得了一席之地,1895年夏天,中国的主流英文报纸报道称:"上海的利生烟草公司现在经营良好,发展得相当完善,烟草不再是市民的一个梦,而是实实在在地发展成了上海的一个非常重要的产业。"⑰

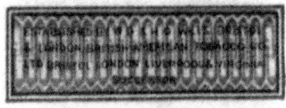

图 6-11 1900 年左右的海盗牌（Pirate）香烟，当时在中国和其他国家非常流行

安德森既是一个烟草商人，也是一个投资者，这样的双重身份容易使他陷入某些法律争议中。例如，安德森持有上海一家银行的股份，该银行在运营困难时期强制要求持股者们缴款以维持资金链的畅通。安德森没有遵照缴款，因为他认为他已不再持股了。这件事闹到了上海的丹麦领事法庭及丹麦领事设置的临时法庭。1894 年 4 月，这两个法庭并没有接受安德森的辩解，而是维护了银行的利益，审判的结果则要求安德森向银行支付 300 美元。⑱

虽然彭萨克机器一开始并没有给老晋隆洋行带来什么大的收益，反而麻烦不断，但它的潜力是巨大的。正是这份坚定，安德森等人决定要把该机器的使用权扩展到日本，毕竟对于老晋隆洋行来说，日本也是一个重要的市场。1891 年 6 月初，老晋隆洋行给彭萨克机械公司写了一封信，信中提及他们想要把多余的香烟售卖到日本去。"日本和华北几乎是同一个市场，每日来往的大量汽船足以说明。"⑲虽然在写这封信之前，怀特曾明确说明老晋隆洋行的权利只限于除香港之外的中国，但最终也并没有确认这一提法的执行问题。从某种程度上说，这封信是老晋隆洋行与彭萨克机械公司的一次策略商讨，他们坚持扩张他们权利的地理范围，从而影响协议的最终措辞。

此前，老晋隆洋行在中国的发展，确实以绝对的竞争优势占据了香烟市场，并销往日本——他们并没有将设备搬到日本去。在一封 1891 年 5 月致怀特的信中，老晋隆洋行极力说服怀特，只要将他们的产品销售到日本的外围，就能够预防日本侵犯知识产权的风险："你说你不希望机器在日本使用，是担心日本人复制我们的技术。这的确是他们的作风，还有什么是他们不敢复制的呢？"⑳在另一封信中，本尼特谈到了他和洛杉矶前铸币厂主管——伊瑟瑞尔·劳顿（Israel Lawton）的一次谈话，后者描述了他在大阪的见闻："他们复制了最为复杂的美国铸币设备，他们就是拿着当初从美国购入的铸币设备复制的。"㉑而本尼特后来又在给怀特的一封信中谈到了美国企业生产的标准磅秤——费尔班克斯秤（Fairbanks Scales）

图 6-12 1894年,日本的英雄牌（Hero）香烟

图 6-13 1900年左右,日本的忠勇牌（Chuyu）香烟

是如何被日本人复制的,而且该秤在日本的售价还不到美国的一半。"如果你不翻过来看看,不去称量东西,你几乎无法分辨出二者有什么不同。"[62]

老晋隆洋行此时提出要开拓日本市场是不合时宜的,因为当时怀特已经与美国烟草公司(American Tobacco Co.)的上海代理茂生洋行(American Trading Co.)商谈彭萨克机器"进军"日本的计划[63],甚至连设备在日本的销售和使用的细节都形成了章程[64]。当时,赫尔斯站在老晋隆的立场想要阻碍这一进程,建议怀特推迟与茂生洋行的谈话,并且表达了老晋隆洋行的"意愿"[65]。但是怀特并没有改变主意,他在6月末写信告诉老晋隆洋行,他已经将日本市场的机器使用权卖给了另一家公司[66]。尽管怀特的语言听上去是斩钉截铁的,但没有到最后一刻,老晋隆洋行也不会轻易放弃。赫尔斯认为,这时候表露一下他们极大的兴趣还是有用的,至少能够推一推价格。因此,他在8月给怀特的信(1891年8月)中说:"茂生洋行在这笔生意上非常积极,我认为你以10万美元的价格卖给他们4台机器,也没有一点问题,他们有充足的资金,肯定会来买的。我们和茂生洋行都想要日本市场,如果你坚持要做,你可以有你自己的价格。"[67]

老晋隆洋行并没有放弃争取日本市场的销售权。1891年夏,本尼特回到了美国,提出一个方案:一台彭萨克机器在日本使用的价格可以提升至5万美元。朝鲜不在其列,因为,在本尼特看来,"他们实在买不起"[68]。与此同时,茂生洋行十分渴望一个当地的合作伙伴,他们找到了当时的传奇商人——浅野秀一郎(Asano Soichiro)及其领导的浅野企业集团。然而,茂生洋行总裁詹姆斯·摩尔斯(James Morse)把自己的经验告诉了怀特,他在信中说:"日本人为了这个事情投入了宝贵的时间。"[69]但直到9月,双方仍没有就日本市场达成最后的结果。彼时,摩尔斯在给怀特的另一封信中透露,如果茂生洋行不能和他的日本合伙人达成一个明确的协议,那么日本市场的授权就极有可能被老晋隆洋行得到[70]。然而,直到1891年秋,日本方面还未置可否。事实证明,日本的投资者们对这个新兴项目并未做好投资的准备,一方面是因为他们近来在其他项目上亏了钱,另一方面,他们也不太相信他们的政府能够对知识产权形成保护。[91]即便是摩尔斯已经专门走访了日本,但他仍无法确定这个项目能否顺利推进。[92]

1892年2月,茂生洋行也明确地表示,他们无法成为一家能够向日本提供彭萨克机制香烟的企业。问题的关键还是怕被抄袭。"任何专利权在这个国家都是形同虚设,资本家可不希望把自己的钱投入到这样的企业中,在外国人的权利未得到更明确的确立和界定前,不能草率地去实施哪怕是已经提出的计划。"[93]又过了一整年,1893年的2月,怀特在给老晋隆洋行的信中写道,他们将授予老晋隆洋行日本市场的销售权,并给出了4台共2.5万美元的价格。但让人意想不到的是,老晋隆洋行居然拒绝了这一项目。在一封信中,他们的解释同样将保护知识产权作为一种重要因素:"拒绝的主要理由是日本人并不允许外国人制造香烟。我们也没有任何忠实的日本代理商可以运营当地工厂。我们同样面临设备被仿制的风险,那样的话,我们的钱也会打水漂。"[94]

图6-14 1900年左右,日本的孔雀牌(Peacock)香烟

第七章　竞争的恶化
（1895—1903）

　　大约在1895年中期，怀特对老晋隆洋行的态度多了一丝不耐烦，认为他们的潜力已经殆尽。彭萨克机器在中国的专利权9月就到期了，他想要在中国找一个更好的合作者。1895年5月，他再次来到上海，会见了安德森及其合伙人，他希望收回5年前所签署的那份协议，摆脱他当时在中国市场设下的限制。怀特还表示，他愿意偿付5万银两（相当于5万盎司白银）收回老晋隆洋行所有与彭萨克相关的业务，包括彭萨克的设备、声誉以及使用权。结果可想而知，安德森等人拒绝了这一请求，怀特只能一无所获地离开了中国。①

　　到了1895年末，怀特改变了他的策略，他找到了老晋隆洋行在上海的主要竞争对手——茂生洋行，总部在香港的花旗烟公司（American Cigarette Co.），该公司已经获得了美国与英国香烟生产和销售的所有权。12月，怀特就彭萨克技术在中国市场的使用与销售情况拟订了一份具体的方案②，递交给茂生洋行。紧接着，1896年初他又来到上海，他非常详细地与茂生洋行的代表埃门斯（W.S.Emens）讨论了他的计划。双方都事先知道，老晋隆洋行仍具有彭萨克设备在中国的使用权，但他们故意忽略了这一点。③最初，他们试图引入中国的资本，但该计划一再拖延，一直到农历新年。因为，正如埃门斯在给怀特的信中所说的："在那个时节，我们很难让一个中国人关切这样一笔新的生意。"④

这事一直拖到3月，怀特和茂生洋行之间的协议才有了进展。埃门斯同意可以低调地开启3台机器的运转；而怀特则要以2.5万美元的总价售给他们5台设备，并且答应他们3年之内不会销售给浙江和江苏地区的其他人，并且合同期内仍可以扩展合作。为了在未来几个月内卖出5台设备，怀特又给他们优惠了5%的价钱。茂生洋行也随后开始着手建设烟草大楼，用以生产中国本土香烟。

实际上挑战随之而来。在一封信中，埃门斯就已经开始担忧上海湿热的气候对烟草生产的威胁，他表示必须购买通风设备来保证有效生产。⑤更为糟糕的是，安德森及其老晋隆洋行的合伙人已经听到了关于新的竞争性谣言，他们也放话出来，将斗争到底，绝不妥协。6月初，老晋隆洋行就在英文报纸《北华捷报》和当地的中文报纸《申报》发出抗议，捍卫他们的权利："我们敬告上海的市民们，我们早在1890年就已从美国北加利福尼亚州达勒姆市怀特先生那里购买了彭萨克机器及其在中国的使用权，我们希望市民们不要购买这些机器或在中国使用这些机器。"⑥不久，老晋隆洋行的经理人找到了埃门斯，并当面重申了他们的抗议。⑦

在接下来的几个月里，情况愈加恶化。在1896年末抑或1897年初，5台彭萨克设备如期抵达了上海港；老晋隆洋行则向美国驻华领事法庭提交了一份诉讼，状告怀特及茂生洋行。老晋隆洋行强烈要求怀特和茂生洋行撤出设备，并废除先前的合约——以保证茂生洋行不再拥有彭萨克机器在中国市场的所有技术使用。1897年4月28日，在第一次庭审中，被告宣称老晋隆洋行想要在中国搞垄断。老晋隆洋行代理律师反驳称，他们并没有操持垄断的野心，只是希望法庭能够认清事实，处理怀特违约将彭萨克设备再次售卖给中国其他公司这一事实。⑧

图 7-1　1900 年前后上海的街道

老晋隆洋行的代理律师解释了为什么该公司会濒临险境:"茂生洋行已经购入了 5 台彭萨克机器,他们即将开启生产,毫无疑问,一旦生产,他们将挤压原告的生意,因此,原告在兴建烟草生产工厂所投入的资金将会损失殆尽。"他谈道,"其二,我希望法庭能够谨记,七年前,原告就是因为这些彭萨克设备而投资建厂。中国有句老话:'万事开头难'。在中国引进任何新的事物都很困难。原告经历了重重困难,并且在将香烟投放到市场的过程中也投入了巨大的成本。然而,现在中国人已经开始普遍接受机制香烟了,茂生洋行和怀特先生却横刀夺爱,妄想窃取原告的胜利果实。"⑨

此案经历了三次庭审,安德森全程目睹且参与其中。法庭最终支持了怀特和茂生洋行,判老晋隆洋行败诉。原因在于彭萨克机器的专利权在1895年就过期了，这意味着他们授予老晋隆洋行的独家权利，也因为机器专利的过期而不具有法律效力了。⑩相反，怀特和埃门斯的新产品将一路通行，当然，他们也已经做好了准备，例如，重新申请了彭萨克机器的专利。到了6月中旬，还没等到法庭的正式裁决，他们的工厂就已经开始运营了，其中2台机器也已经投入了生产。与先前不同的是，他们现在受法律保护，可以光明正大地生产了。⑪

尽管在法庭遭遇了失败，但安德森仍一如既往，依然精力十足地经营着他的生意。和其他外国商人一样，他也想通过与政府的接触使自己在商业活动中获利。海关就是这样的机构，因为海关由外国人把持，对西方人来说更容易接近。例如，当时，中外消费者都更愿意购买国外的香烟品牌，这严重威胁了本土商家的利益。安德森为此不止一次向海关官员建议引入一种特殊的香烟进口关税来保护本地的烟草生产，包括他自己。安德森很有可能尝试利用他在海关高层官员的人脉，包括他的前东家——大沽船坞的德璀琳。此外，直到19世纪90年代末，他还想要在海关总署内争取到一个职位，但他后来要么是自己撤回申请，要么是被拒了。⑫

安德森的生意在很大程度上取决于当时的政治环境。20世纪之交的中国是一个危机四伏的社会——清政府在一次次的威胁和震荡中摇摇欲坠。最为典型的是1899—1901年发生的义和团运动，这标志着中国民众反洋情绪的顶峰，几个北方的省份接连发起了动乱。7月，美国烟草公司的驻东京代表在一封信中对其中国代理商——老晋隆洋行所遭受的损失表示了极大的关注："买办（中国人）已经潜逃，现在看来，我们将损失四五千日元。此外，我们还担心59箱孔雀牌香烟的损失。虽然，这些香烟已经装船运往了天津，但上海方面却担心它们已经被烧毁，这也意味着他们将进一步损失六七千日元。"⑬

这场动荡最初对中国北方市场的贸易造成了巨大的打击。但在八国联军参与镇压了义和团之后，情况突然发生了变化。老晋隆洋行的几名员工就在天津和北方的其他城市，专门负责向外国军队提供物资补给。本尼特在11月给友人的一封信中描绘了这一繁忙的景象，详细记录了他与安德森是如何向准备在京津区间准备过冬的部队运送炉灶、香烟、啤酒及其他补给的。安德森本人在一封信中也有类似的描述："我们的生意做得很好，在北方的港口关闭（冰封）之前我们非常忙碌。尤其是炉子，我们几乎是售罄了。如果可以的话，还能再加2000个。"⑭然而，上海太靠南了，因此并不会直接受到义和团运动的直接冲击，但北方城市的动荡仍然给这座城市留下了印记。安德森在一封信中写道："这里聚集了来自英国、法国、印度、德国以及日本的6000多名士兵，现在就像是一个军事基地，骑兵们带着各种漂亮的马儿，还有英国和阿拉伯混血的印度马，我真是也想要一匹。"⑮

在安德森1900年前后的信件中，我们发现一个有趣的现象：他再也没有提到过花旗烟公司及茂生洋行代理的彭萨克机制香烟的经营情况。另一方面，美国烟草公司作为商业竞争对手，尽力将后者挤出中国市场，这也说明后者成为前者的主要困扰对其在中国做生意有潜在威胁。1902年春，美国烟草公司的代表就已开始和花旗烟公司商谈如何收购其在上海的彭萨克机器了。他们暂定以10.25万两达成协议，双方签约在即，却出现了一匹"黑马"——英国烟草集团下的帝国烟草公司（Imperial Tobacco Co.）以11万两的高价获得收购权，还承诺在美国烟草公司谈判人员的监督下收购香烟公司。⑯

20世纪初全球烟草行业的合并潮席卷至世界各地，此后，世界烟草主要被划分为两个阵营：以美国烟草公司为主导的美国和以帝国烟草公司为主导的英国。彭萨克机器成为他们形成核心竞争力的关键资产。在美国烟草行业的历史中，里查德·B.特南特（Richard B.Tennant）曾就自动化和集聚的相互关系进行说明："行业是不断增长的，主导性企业

图 7-2 杜克公司所售的克罗斯-卡特牌
(Cross-Cut) 香烟

想要维持自身地位，只能根据自身的规模进行等量增长。如果技术方法没有革新，那么，像我们今天所知的大型香烟似乎也不会成长起来（因为工厂会扩张到一个尾大不掉的状态）。那些老的公司会发现他们的扩张会因成本抬升而受阻。因此，新公司会进入。那么，产出的集中度会随之大大降低。"⑰

无疑，全球烟草行业的剧变导致了1900年前后也成为了安德森职业生涯中最忙碌的时光。与此同时，随着本尼特（1899）和穆斯塔德（1900）的相继去世，他也成为老晋隆洋行最大的股东。⑱这些事件连环发生，也让安德森几乎没有旅行的闲暇了。距离1884年那次回丹麦，即将过去四分之一个世纪了，他的长期缺席一定程度上反映出这样一个事实：随着故乡的家人和朋友渐渐逝去，他与那个古老国度的联系也逐渐减少。他曾和林克谈道："我的母亲1896年8月就去世了。是的，她很老了，但她最后的日子过得都挺好。我记得当时我正在科罗拉多出差,突然接到了她去世的电报。那时,我恰巧在山里,在海拔 1.4 万英尺的匹克斯山(Peaks Hill)上,我站在那里,手里拿着电报。这真的很奇怪,我真切地感受到,此刻在我眼前这巨大的高地上,我看见了我母亲的灵魂。"[19]

第八章　与英美烟公司同行
（1903—1911）

20世纪初的几年里，中国的烟草行业正经历着翻天覆地的变化，因此，劳里茨·安德森的人生也发生了全新的转变，他在短短数年间一跃成为了当时中国最有影响力的外籍商人之一。然而，这种变化的首要因素并非来自中国内部，而是来自烟草行业全球变革的溢出效应。美国烟草公司和英国的帝国烟草公司两大烟草巨头之间爆发了横跨大西洋的"烟草大战"。两国烟草行业各自领导者在1902年9月达成了一个协议，这不仅缓和了双方的紧张局势，而且为未来的发展构建了一个基调——两家联手操控全球市场。

据该协议规定：美国烟草公司不得在不列颠群岛从事任何烟草生意；英国帝国烟草公司也必须放弃在美国及古巴的所有烟草经营活动。世界上其他地区的烟草市场则由两者的联合公司——英美烟草集团（British American Tobacco Co.，本书称为"英美烟公司"）来经营。①为了避免美国的反垄断法，英美烟公司便在英国管辖地区注册上市，总部设在伦敦。②然而，从初始构成来看，新公司更"美国化"。因为美国的股东持股大约占新公司的三分之二，拥有资本2 400万美元；相应的，英国人所占股份只有三分之一。③

当事人很快意识到他们在书写商业史。詹姆斯·杜克作为美国烟草公司的代表,在伦敦完成激烈地谈判后,在一封写给远在弗吉尼亚州的父亲的信中自豪地说:"我们刚刚和英国烟草制造商完成了一个世界级的伟大协议,确保了我们公司利益的最大化。"④这标志着世界上第一次烟草跨国生产的诞生,从今往后,它的生产经营不仅局限于美国和英国,还涵盖了一系列国家和地区,例如中国和日本。⑤

然而,这并不是中国成为英美烟公司首选的唯一原因。对中国的兴趣可以追溯至 1881 年彭萨克机器的发明。当时杜克的第一反应就是"把地图册给我拿来"。当看完了中国的疆域并知道中国有 4.3 亿人口时,他已经心中有数了:"这就是我们要去做香烟生意的地方!"⑥20 年过去了,向世界上最庞大的中国市场进发的动力还在于当时美国本土市场已经几近饱和,况且反垄断法也限制了它的进一步发展。⑦

英美烟公司成立之后,他们立即着手布局中国市场。在中国,克拉伦斯·尤金·菲斯克(Clarence Eugene Fiske)所领导的美国烟草公司一直与老晋隆洋行共存,这就使得安德森处于了某种关键位置。一方面,他是老晋隆洋行最大的股东,在 900 股中拥有 222 股,但他对公司的日常管理依然事必躬亲。⑧另一方面,英美烟公司继续推进美国烟草公司和安德森等股东就老晋隆洋行在中国业务的收购谈判。⑨最终在 1903 年 9 月,安德森与英美烟公司达成一致,并签署了协议将老晋隆洋行变卖给一家新公司,公司英文名称不变,只是注册地变更为新泽西州。⑩1903 年 11 月 19 日,新的老晋隆洋行成立,仍由劳里茨·安德森兼任常务董事和首席负责人。⑪此外,该协议还规定:安德森一旦离开了他的职位,他就必须放弃与之相关的所有生意。⑫

安德森同时还有一份 100 两银子的薪水⑬,但他未来财富积累最重要的一点在于他仍在新公司持有不少股份。公司最初的资产总额为 25 万美元,后被划分为 1 000 普通股和 1 500 优惠股,每股名义上价值均为 100 美元。⑭因此,股票是他最好的投资。仅仅两年之后,股东们每半年

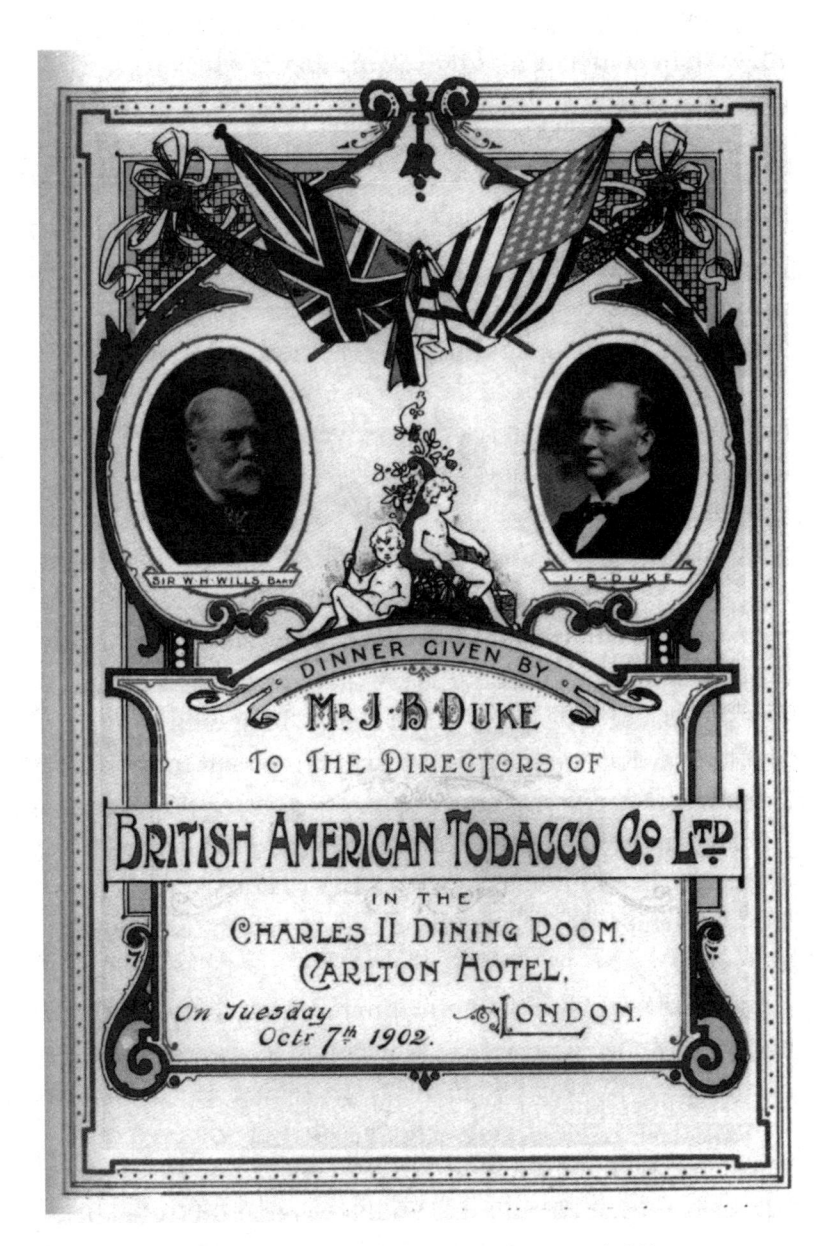

第八章　与英美烟公司同行（1903—1911）　/　*081*

图 8-1　英美烟公司在伦敦成立时，庆贺宴的菜单封面

就能分相当于资本的6%的股息。安德森曾与他的朋友路易斯·穆斯塔德谈及,除了有一些风险外,他认为股票十分安全。[15]

根据现有资料,我们无法得知安德森在这2 500股中所持股份的比重。他在与朋友的通信中曾提到他占有100股优惠股,但并不清楚其所持普通股的数目。[16]1905年春,根据英美烟公司理事会公布的一份资产扩张计划书显示,他们要增加4 000股普通股,每股价格为100美元,那么,由此可以推算,老晋隆的总资产达到65万美元,分为5 000普通股和1 500优惠股。[17]然而,在20年后由英美烟公司所公开的内部文件中,我们可以看到,老晋隆洋行的全部股份,安德森在其中持有了500普通股和100优惠股,这就意味着,安德森本人持有了公司9.23%的资产。[18]

在收购老晋隆洋行之同时,英美烟公司同样收购了花旗烟公司(请注意,不是美国烟草公司),该公司在1901年被帝国烟草公司收购,此前一直是老晋隆洋行的强劲对手。它不仅就彭萨克设备的中国使用权与其有过较量,而且在浦东地区运作着当时仅有的第二家外国人开办的香烟生产工厂。[19]在英美烟公司收购之后,大约在1903—1904年,安德森也成了花旗烟公司的董事会成员之一,[20]在这个位置上一做就是十年。花旗烟公司重新注册,并更名为"大英烟公司"(British Cigarette Co.)。[21]

作为老晋隆洋行和花旗烟公司的经理人,安德森有两个作用。第一,在英美烟公司建立初期,他是公司在中国筹建工作的负责人。根据英美烟公司1936年的内部资料显示:直到1919年,大英烟公司和老晋隆洋行都是中国香烟市场上的首席,其他公司均无法与其抗衡。[22]第二,安德森之所以如此出色,与他对中国社会的深入了解密切相关,毕竟他是几十年的"老中国通"了。英美烟公司在总结1923年中国的商业活动时有这样一段记录:"香烟生意的发展得益于安德森先生在中国丰富的商业经验,他总是能给销售者提出恰当的建议。"[23]

图 8-2 大英烟公司的香烟包装盒，安德森就是其中的重要管理人

图8-3 英美烟公司在汉口设立的香烟厂

113 　　英美烟公司成立之后不久的那段创业岁月，逐渐在公司员工的心目中占据了近乎传奇的地位。20世纪20年代，英美烟公司出版的周年庆纪念文献中曾提到，公司之所以能够建立起生机勃勃的市场，安德森作为一名高级经理人功不可没："对于几个身处中国的外国人来说，第一个五年事业（1902—1907）的开启是极为困难的——只有一个位于浦东且仅有百十个中国工人的小工厂，销售人员更是屈指可数。但正是这一批人，他们在安德森、唐默斯（Thomas）、葛理（Keily）、肯普弗（Kempffer）和科布斯（Cobbs）的领导下，充满着干劲而又富有远见。"[24]

　　1903年7月，英美烟公司收购老晋隆洋行之后，这两个公司的关系自然变得愈加紧密起来。1904年，老晋隆洋行取消了帝国烟草公司与公发洋行（Rex & Co.）之间所达成的一项分销协议，并将出售英美烟公司在英国制造的香烟权利转让给了老晋隆洋行。[25] "公发洋行的生意也

114 被纳入进来，老晋隆洋行获得了两年代销该公司多种品牌香烟的权利。"安德森在1904年6月写给路易斯·穆斯塔德的一封信中如是谈道。[26]

　　英美烟公司与公发洋行在合作协议的最后写道，公发洋行必须放弃

15年之内在中国市场上的任何形式的烟草生意,并要说服其在当地的合伙人——批发商永泰和,今后必须从老晋隆洋行进购烟草产品。㉗

老晋隆洋行除了在上海有办事处,还在天津、香港、汉口、哈尔滨和沈阳设置了分支机构。㉘而后两者都在东北,这也侧面说明了中国东北市场的重要性。无疑,老晋隆洋行现在已成为全球烟草帝国的一个附属公司,但其仍然不忘初心,积极地把其他外国的品牌产品引进到中国市场中来。有文献记载,在英美烟公司并购后的第一年(1904年),香烟仍然是老晋隆洋行的主要收入来源。㉙

安德森在新公司的头两年,来自美国烟草公司的C.E.菲斯克(C.E. Fiske)成为了他的首席商业助理,可以帮助他处理绝大部分的工作。彼时他也已成为英美烟公司在上海及华北地区重要的商业领袖。此外,安德森还和两位重要的人物保持着日常联系:负责整合杜克公司分散经营资金的美国人威廉·R.哈里斯(William R. Harris),以及在英美烟公司上升较快的一位英国董事——雨果·坎利夫·欧文(Hugo Cunliffe-Owen)。㉚有一个细节可表现英美烟公司对中国市场的关注,坎利夫·欧文早在1904年就来到上海会见了安德森。借此,他建议安德森应该为英美烟公司在中国的总部重新觅得新址,因为,老晋隆洋行在南京路的那栋楼太平平无奇了。安德森曾在一封信中似乎给了一个隔空回应:"他们只是想要一个好点的办公室,一个小小的储藏室,并不需要临街经营。"㉛

此时,老晋隆洋行的那个老厂是否需要保留?领导层陷入了犹疑,这毕竟是安德森历经艰难花了10多年时间一手创办起来的。但今非昔比,如今对于英美烟公司而言,位于浦东的烟厂才是唯一的香烟生产基地。㉜然而,由于安德森在中国生产香烟的长期经验,他很快就参与了浦东的香烟生产,并不断参与重要变化,包括人员配置的调整。㉝

1904—1905年的日俄战争主要发生在中国的领土和海域,这为安德森及他的同事们提供了一个明确的关注动机。他们关注了整个战争的过程,并且极为震惊的是,他们不得不承认,沙俄帝国正在跟一个在他们有生之年已经实现了现代化的亚洲社会作战。1904 年 8 月 10 日，黄海战役战败后严重受损的俄国巡洋舰"阿斯科尔德号"（Askold）在上海避难时，俄国之窘迫也一览无余了。"日本人似乎把沙俄打得很惨，躺在船坞中的'阿斯科尔德号'已经千疮百孔。"安德森在自传中写道。㉞后来有报道称，俄国最终在中国东北的辽阳战败了。安德则慨叹："可想而知，那里一定是发生了屠杀。"㉟

这场战争给英美烟公司和老晋隆洋行带来了一系列的负面影响，因为在中国的俄国人无论是士兵或市民，都是他们重要的市场构成。安德森在 1905 年 5 月的一封信中这样描述："由于俄国人被赶了回去，中国各地一般的商业情况都比较糟糕，海岸线上烟台、上海和天津这样的港口堆满了各种各样的物资，这就像义和团把'罐头'赶回了美国之后的情况一样，香烟的销量也大幅下降。"㊱两个月之后，情况则变得更糟了："一切都很平静，没有多少生意，作战部队在内陆很远，我们的货物也无法送达。"㊲

尽管出现了这些暂时的挫折，但英美烟公司对中国的兴趣却仍很浓厚，因此，安德森对于整个组织的重要性便被进一步强化了。此外，由于英美烟公司开拓日本市场受挫使得中国市场的中心地位更加突出了。彼时，杜克公司已经实际控制日本子公司村上兄弟公司（Murai Brothers），1899 年起就能够实现香烟的大额利润。㊳然而，1904 年春，日本法律建立了所有烟草制造的国家垄断机制，因此，英美烟公司不得不关闭其在日本的烟草业务，在退出之际还险些造成了重大损失。㊴日本市场的丢失也导致了朝鲜市场的丢失，因为该国于 1905 年便被日本帝国吞并了。㊵然而，这些都为牢牢地扎根于中国市场奠定了基础，因为中国一直是亚洲最大的市场。作为英美烟公司在日本的最高代表，爱德华·J.帕利斯（Edward J. Parris）在给菲斯克的信中透露了一丝的嫉妒："你所处的中国是一个巨大的市场，一切皆有可能。可以说，这是一个非常具有吸引力的地区，需要开阔的视野和庞大的运作。"帕利斯也能感觉到，英美烟公司的香烟在中国月销 10 亿支的日子指日可待。"这个

雪球还在向前滚，用不了多久，它会大到不可阻挡。"㊶

1904年的夏天，坎利夫·欧文正在上海。几个月前，日本国会投票赞成将烟草产品由国家垄断。这下打击了英美烟公司在日本的附属公司——村井兄弟公司，因此，欧文不得不计划将日本的香烟生产转移到上海浦东。安德森曾评价他"是一位机敏聪慧又脚踏实地的人，他在日本的村井兄弟公司承担了所有旗下日本香烟品牌的生产"。㊷这些富有远见的美国投资者建构起了规模如此庞大、效益如此良好的烟草生意，安德森不由得啧啧称赞。他在1904年8月给友人的一封信中写道："我们上个月卖了1.78亿支香烟。你觉得怎么样？"㊸

同时，与如此富有野心的美国人合作，使安德森变得愈加紧张。1904年在他给路易斯·穆斯塔德的信中谈道：

> 今年汇率走高，我们的生意变得越来越好了，但是花销也变得越来越大，等到付完所有的开销和董事们的工资，几乎一无所剩……这当然是好事，这真是突飞猛进……但是，我必须付出更多的体力和精力。这剥夺了我所有的愉悦，我感觉我快要罢工了。我想放下我所有的工作，把菲斯克的活丢在一边，还有伦敦和纽约的都丢开，和你谈谈心。㊹

1904年初是一段意义非凡的日子。此时正值英美烟公司收购老晋隆洋行不久。这一时期安德森所有的往来信件均已被装订成册。在厚厚的书册中还有他自己寄出的信件抄本。这些表明，人们逐渐意识到置身于一个庞大的机构中保存信件是很重要的。或是出于法律原因，或是用于化解争议、总结得失。

1905年上半年，对安德森来说是颇具转折的半年，因为两个突发事件深刻地改变了他在英美烟公司的地位。一是菲斯克的离世意味着安德森失去了他在中国最亲密的合伙人。另一件是英美烟公司决定安排一些可信之人来加强中国市场的管理。英美烟公司现存的资料中尚未找到这种综合性变化的相关动机，但总部可能想要更好地把控中国市场。这也意味着，安德森在烟草领域的权威在某种程度上会被一步步地销蚀。如果这就是目的，那么它并没有实现，时间会告诉我们一切。

菲斯克死于一场意外。1905 年 3 月 15 日早晨，菲斯克早早地来到了他位于老靶子路＊130 号的英美烟公司办公室，他吩咐他的助手去请另一位驻华英美烟公司的高管——爱德蒙·肯普弗（Edmund Kempffer）。肯普弗来到他办公室的时候，菲斯克说他昨晚睡眠不足，做了个噩梦。肯普弗曾经也见过这样的菲斯克，所以在回去工作的途中给他叫了个医生。医生在诊断之后要求菲斯克马上住院。但医院那时偏偏没有床位，因此，菲斯克就保证他下午会早点过去住院。然而，医生离开没多久，他的仆人就发现菲斯克已经躺在了他房间的地板上了——他用一把驳壳枪自杀了。而在他的尸体旁边，有两张手写的纸条，都是写给肯普弗的。一条写着"爱德，我的表送给你了。菲斯克。再见了，老伙计"。另一条写着"爱德，告诉安德森按我的意思去把事情做好。菲斯克"。⑮

图 8-4　20 世纪早期香烟包装

＊ 即今武进路。——编者注

不久之后,安德森写道:"可怜的老菲斯克。"而事实上,菲斯克去年已经几近精神崩溃了。⁴⁶安德森提到法国商人亨利·维奈(Henri Vinay)前不久也开枪自杀了。⁴⁷根据有关报道,维奈同样深受抑郁的折磨。⁴⁸在20世纪的转折中,作为一个在中国的外国商人能够获得许多精致的奢侈,但事实上,他们也得承受巨大的工作压力和困难。确实有许多人无法承受这样的精神压力。

从短期来看,菲斯克的死使得安德森更加忙碌了。他现在必须要担起菲斯克的职责——和华北地区保持生意上的日常联系。此外,菲斯克的死引发了驻华英美烟公司与纽约、伦敦总部,以及菲斯克的家人之间的一系列漫长通信。遵照菲斯克家人的意愿,安德森务必要把他的尸体火化,将他的骨灰通过"朝鲜号"(S. S. Korea)送回洛杉矶。1905年春天,对于安德森来说,是一段黯淡无光的岁月:"工作而无休……何以为之活?日子总让人无所适,有那么一刻我想回丹麦看看。但我是个奴隶,已经被上了锁了。"⁴⁹

英美烟公司伦敦的高管办事效率极高。菲斯克去世两周之后,安德森就被告知,接下来由詹姆斯·奥古斯特·唐默斯(James Angustus Thomas)接替菲斯克的工作。唐默斯当时虽然只有43岁⁵⁰,但在烟草行业工作已有25年之久。1899年,他便被杜克选中。1900—1903年,他曾是新加坡和中国香港地区杜克的代理人;1903—1904年,则成为印度代理。⁵¹然而,出于身体原因,唐默斯离开印度回到了美国。直到菲斯克去世,他才接到新任务,被委派到中国。1905年6月他就开启了全新的中国之旅。⁵²

与唐默斯一同被派到中国的英美烟公司代表还有另外三位。英美烟公司此举是希望借此加强公司在中国长期把控市场、稳定发展,因为他们坚信中国将是他们首要的海外市场。⁵³他们四位代表在英美烟公司的董事——坎利夫·欧文的陪同下于6月抵达了上海。⁵⁴坎利夫·欧文之所以到访中国,不仅是中国市场非凡的吸引力和高度优先权,而且还在于他将被确定为最高级别的管理者,他将于8月被提拔为英美烟公司的副董事长。坎利夫·欧文一路飙升，1905 年底之前，他就已经成为公司之内除杜克之外最有权力的人。⑤

安德森对坎利夫·欧文之行非常紧张，此行距他上一次到访中国才刚满一年。他深知欧文此次来华的重要性，因此非常焦虑。英美烟公司已经决定，老晋隆洋行将发行新的股票，安德森怎么会不明白，这无非是想稀释他对该公司的控制权。但这里毕竟倾注了他多年心血。他甚至认为，这也许是他走向终点的一种警示。他在给一个朋友的信中写道："我必须努力积攒一些积蓄，以备不时之需……你不知道未来会发生什么，在我找到归宿之前我可能就已经被炒鱿鱼了。"⑤

然而，安德森在与坎利夫·欧文会谈之后，他的紧张感不减反增，因为英美烟公司想要缩减老晋隆洋行在中国的生意。两家公司在 1905 年 6 月 28 日签署的协议中明确指出：老晋隆洋行在上海只享有 100 英里半径内的英美烟公司产品销售权。⑤这意味着老晋隆洋行未来的发展也将受到英美烟公司的极大限制。

然而，后来的实际情况表明，老晋隆洋行的发展并没有受到多大影响，因为老晋隆洋行打破了原先协议所限定的界限。同时，老晋隆洋行所新发布的股份也不足以削弱安德森在英美烟公司的地位。⑤或许，这是出于安德森和坎利夫·欧文两人之间良好的私交。在上海，坎利夫·欧文和安德森同住；他们俩会一起去北京、营口等城市考察。安德森在给路易斯·穆斯塔德的信中写道："我必须说，我很喜欢他。"⑤可见，他们确实相处得十分融洽。

坎利夫·欧文仍在上海是因为此时英美烟公司在中国面临前所未有的挑战，这是一场全国范围的抵制美货运动。起因在于当时清政府拒绝延续和美国政府的一份具有争议的协议＊：美国政府禁止中国劳工移民美国。但华人的抗议仍在继续，爱国民众决定以自己的方式斗争，他们

＊ 1894 年签订的《中美会订限制来美华工保护寓美华人条款》。——译者注

图 8-5　在汉口的一家英美烟公司工厂里，中国工人正在成堆的烟草旁工作

呼吁停止购买美国货。上海就是这场抵制运动的重镇。1905 年 6 月 20 日，当地商会召开了一次会议，宣布抵制美货。⁶⁰

上海的抵制运动如野火蔓延，商人们宣称将不再经营"包括布匹、煤油、香烟等任何美货"⁶¹。在如此激烈的抵制运动中，英美烟公司也未能幸免。虽然它是英美合作企业，但也被定性为美国公司。最糟糕的是，人们打着"不买美国货，不抽美国烟"⁶²的宣传标语。一幅海报上画着一条狗并配文"谁抽美国烟谁是走狗"⁶³。为了在这种激烈的反美浪潮中求得生存，安德森所在的美国烟草公司不得不更名为"英国烟草公司"。⁶⁴

英美烟公司是一个大的集团公司，除了烟草公司，它旗下还有美孚石油公司、胜家缝纫机公司以及纽约人寿保险公司。英美烟公司直接向美国当局汇报他们在这次抵货运动中损失惨重。约翰·富德（John Foord）——美亚协会的秘书长发了一封电报给西奥多·罗斯福总统，其中也包括了上海美国商会的意见："生意受阻，我们在海外的商人境况日益糟糕。"⁶⁵

1905 年 8 月初，安德森开启为期 5 个月的美国之行。后来他在自传中

写道,他在这场抵货运动中充当了政治和外交角色:"我在北京的美国公使馆提出抗议之后,便远渡重洋来到了华盛顿,在这里获得了罗斯福总统的接见。总统先生十分随和友好,我向他介绍了中国的情况以及对美国的影响。结果,在我回程的时候,情况真的得到了很大的改善。"⑯

在这场抵货运动中,安德森充当的角色目前只能在他的自传中找到相关描述,除此之外并没有其他的历史资料佐证。他能够会见北京的美国公使,极有可能是坎利夫·欧文的引荐,因为先前他们曾一同巡视过华北市场。⑰而且,在抵货运动爆发之前的7月,他们就已经策划过美国之行。所以,美国之行的最初动机或许并不是为了说服美国政府。尽管后来带着这样一个目的。只是当情况不断升级之后,这便成了首要目的。⑱

1905年8月26日,安德森在坎利夫·欧文的陪伴下搭乘"印度女皇号"(Empress of India)汽船离开了上海。雷蒙德·埃利亚斯·托格(Raymond Elias Toeg)————一位非常有名望的犹太商人也在这条船上。⑲他们在旅途中时,抵货危机也已经波及了三个大陆了。8月31日,他们启航还不到一个星期,清政府发出一道命令结束了中国南方以外大多数地区的美货抵制。然而,香烟并不在此御令中,这使得上海和中国其他地区对英美烟公司的抵制仍在继续。⑳

因此,对英美烟公司来说,危机并没有结束。安德森和坎利夫·欧文便继续向北美前进,英美烟公司尽最大努力,试图说服美国政府做出一个有利于海外贸易发展的政治决定。9月初,英美烟公司伦敦总部发了一封电报给美国政府,要求身在东亚的美国战争部部长威廉·塔夫特(William Taft)在途经广州的时候能借机给清政府施压。9月2日,副国务卿阿尔维·A.艾德(Alvey A. Adee)把这份电报呈了罗斯福。㉑

罗斯福的公共形象一直以来是垄断的克星。例如,他先前曾拒绝为商业巨头站队,而这一次他却改变了主意,立刻给塔夫特发了一封电报,要求他与广州的主事方商谈化解抵货运动的方案。㉒9月3日,塔夫特照意执行,但效果甚微。动乱的广州,反洋情绪弥漫着整个城市。尽管塔夫特在演讲中强烈呼吁中国要对美国保持友好的态度,也肯定了近期反美浪潮已然有所缓解,但毋庸置疑,整个中国对英美烟公司产品的抵制仍然很突出。[73]

换句话说,当安德森和坎利夫·欧文和托格于9月抵达温哥华的时候,情势发生了变化[74]——现在的抵货运动要比以往更加针对英美烟公司了。然而,无论是对美国政府还是英美烟公司,这都可算是一个重要的激励。那么,罗斯福是什么时候接见安德森的?现有的资料尚不能确定具体的日期,但大致应该发生在10月中旬至11月中旬之间。[75]而且,总统也不太可能单独会见安德森,后者很有可能是和坎利夫·欧文一起。毕竟,欧文是英美烟公司的高管,对中国的近况也有所了解。[76]

从安德森的信件可以看出,他本来是计划去伦敦会见英美烟公司某位高管的,但后来他改变了主意,卖了他的票。最后,他去了美国西部,包括乘火车去往圣·路易斯和堪萨斯城。[77]安德森在洛杉矶待了一个多月,与那些被抵制的美国商人进行会面和讨论。可以说,这些人在当时算是美国西部商业的核心了。"我希望我的建议能对加利福尼亚未来的贸易有些许帮助,"在他从美国返回后写的一封信中谈道,"你们知道,大洋彼岸强烈抵制美货的人比美国的总人口数还多。"[78]

1905年12月30日,安德森搭乘"朝鲜号"离开了美国,于次年1月26日抵达上海。[79]安德森的美国之旅究竟是否化解了英美烟公司的中国危机是值得怀疑的。毕竟,英美烟公司的总部在伦敦,它与英国政府的周旋可能要比与友邦美国政府的周旋更有用些,驻华英美烟公司的高管与英国外交部的大量通信就足以证明这一点。驻华英美烟公司与英国外交官的密切联系是要切实维护英美烟公司的利益,更是为了保障大英帝国的商业利益。[80]

罗斯福总统仍在为美国的商业利益而承受着持续的压力,同时收到了一份"第二次义和团崛起"的报告,类似于20世纪初在中国北方造成混乱的"反洋"运动。1905年与1906年前后,罗斯福甚至在考虑向中国派出一支海军舰队，想再次实施经典的炮舰外交。随着抵货运动逐渐失去公众的支持，这些计划也化为乌有，"第二次义和团运动"也夭折了。⁸¹英美烟公司很快回归了常态，他们的业绩也再次回升。在多方的作用下，"抵货运动很快平息了，我们又恢复了常态。"安德森在1906年4月写道。⁸²

我们只能推测英美烟公司在1905年下半年邀请安德森去美国的动机。英美烟公司极有可能是想通过他对美国政府的密集游说，来给中国政府间接施加压力。另一方面，安德森的访美意味着他在中国的缺席。此时正好给公司新来的四位英美烟公司高管——唐默斯及其他三位高管树立自己作为公司代表在中国市场的地位。

安德森从美国回到中国之后，他的主要任务便是为英美烟公司找到一个新的永久总部，并从他们在南京路的出租房里搬过去。它必须宽敞，因为这不仅是办公之地，而且还包括仓储。这项工作有着明确的"最后期限"，因为南京路的房租期将只到1908年7月31日。如果要计划建设一栋新大楼，那工期至少要花上18个月至24个月，留给他的时间所剩无几。安德森在给一个英美烟公司同事的信中抱怨："我向你保证，这是我做过的最难的工作。"⁸³

最终，安德森在上海公共租界物色到了一块地，约9.5亩（7300平方米）。该地块位于苏州路和博物院路＊的交口，前临苏州河，紧邻黄浦江，归英国贸易公司宝顺洋行（Dent & Co.）⁸⁴所有。经过多番协商，安德森和宝顺洋行在1906年5月达成了一份建设协议。⁸⁵不久之后，安德森在给路易斯·穆斯塔德的一封信中很自豪地表示英美烟公司要建新大楼的计划："我们将在这个路口建一个宽107英尺长152英尺的办公楼，仓库会有4层，装上两部电梯。或许你会问，它有多高？"⁸⁶

然而，在开工建设之前，安德森仍需克服重重困难。这块地上现有

_____
＊ 苏州路即今南苏州河路，博物院路即今虎丘路。——编者注

第八章　与英美烟公司同行（1903—1911） / 095

的建筑的租期都在 1907 年，如果英美烟公司要等到这个日子再开工，那么他们不可能在 1908 年中旬完成新总部的建设。"现在最让我困扰的事，就是要想办法把这些仍在租期的房子腾空出来，然后尽快地拆除掉，"⑰安德森在给英美烟公司的信中写道。另一大难题就是工部局决定征用该地块的部分土地用以拓宽博物院路。安德森拿出了一份长长的补偿协议并给出了一个折中的方案。但是由于本地的特殊条件，英美烟公司的补偿数额巨大。⑱遗憾的是，工部局并不接受他的提议。⑲这个事件也足以表明，安德森受雇于英美烟公司，他与当地政府进行沟通时，所秉持的自然是英美烟公司的态度和利益。

图 8-6　英美烟公司上海新总部（右侧）

当这栋建筑克服万难最终呈现在人们面前的时候，对于许多英美烟公司的新人来说，这标志着英美烟公司在中国市场的真实存在，同时也是老晋隆洋行延存的一个象征。一楼有一大片区域留给老晋隆洋行，丹麦记者林克参观过这栋建筑后曾详述：

> 我们来到了一楼老晋隆洋行的展厅，你能看到从炉子到眉笔等各种各样的产品样品。而且，每一个你所看到的样品上方都有一个引人注目的广告，就和你在全球各地报纸上看到的一样。事实上，老晋隆洋行设有一个规模不小的广告部，他们刊发的广告图录也一定很庞大！劳里茨·安德森总是独具慧眼，他认为一个产品的名称翻译成中文，必须一再斟酌，因为你首先得进入消费者的意识。⑩

130　　这个逐渐崛起为中国最佳外国雇主之一的公司让一些参观者们可能抱有更高期望，但在参观英美烟公司新大楼后，可能失望也越大。一位记者参观完这栋建筑之后，将其描述为"一个方形盒子"，认为几乎没有任何艺术性可言。⑪其实，安德森同样对这样一个现代样貌的建筑有那么一丝失落，尤其是在周围其他建筑的相映下："电车公司也刚刚迁进他们的新办公大楼。大楼就在我们边上，那真是相当壮丽啊！对比之下我们就显得黯淡失色了。"⑫

英美烟公司新的这栋建筑虽然没有表面的浮华，但它在中国的每一个角落都有着持续繁忙的业务。一位英美烟公司的新人这样写道："头扎长辫子、身穿蓝长袍的人群与西装革履的人们，都在进进出出，络绎不绝。"⑬一部美国产的奥蒂斯（Otis）电梯将客人们送到了顶楼，而这就是英美烟公司的高管们——安德森、唐默斯等人的办公室了。⑭一名新来的员工在一位名叫桑顿（Thornton）的经理带领下参观了一番，并讲述了他自己对英美烟公司总部的第一印象，字里行间都透露着这低调的外表所散发出的雄心壮志：

> 英美烟草公司就在这座平平无奇的建筑里。一进门就是一幅巨型中国地图，上面布满着不同色彩的标示。桑顿先生跟我们解释，

那20个或25个蓝色标记表示为外国人直接入驻的分区或地区的办事处。而其他成千上万个标记则是经销商或次级经销商。一张巨大的网络几乎覆盖了整个中国。这也是我第一次真正看清英美烟公司在中国市场的庞大。⑮

在安德森的带领下，老晋隆洋行通过六个批发商——福和、乾坤和、叶德馨、永盛昌、顺兴源和永泰和——建立了上海英美烟公司香烟销售协会。⑯英美烟公司在中国的第一个10年中，它与本地经销商的合作关系仍在扩张。至1916年，中国经销商的数量已达20家之多。这意味着老晋隆洋行在上海的销售网络趋于密集化。更重要的是，它的存在已成为其他新公司无法逾越的障碍。因为那些核心经销商已经保证他们只售卖英美烟公司的香烟。⑰

为了进一步巩固和当地经销商之间的关系，商贩从英美烟公司仓库拿取他们所需的产品是按日来计算的。如此一来，英美烟公司可以更精准地掌握市场动向和中国消费者的平均购买力，以便及时调节库存。⑱"我们的香烟从美国发货，入库之后，直接送到当地批发商手中，没有中间商。甚至可以说，我们的产品是直接从工厂送到消费者手中。"唐默斯曾这样写道。⑲

此外，英美烟公司还派出大量推销员。他们在街上拿着喇叭，发放免费样品。就是通过这种方式，品海（Pinhead）牌香烟和海盗牌香烟逐渐为中国大众所熟知。当时有报纸这样报道："品海牌香烟在广东非常受欢迎，尤其是那些经常出没赌场的人，因为赌场里就有这些香烟贩卖。"⑳当然，赌场成为香烟销售的一大市场，但也会带来一些负面影响。例如，边抽烟边赌博会激发赌徒好斗的情绪，甚至引发暴力事件。其中就有一些英美烟公司的职工在售卖香烟的过程中被杀，往往就是因为那些难以预料的暴力事件。㉑

文化的差异是根深蒂固的。英美烟公司在中国市场产销香烟时所犯的首个错误就是在包装盒上印着中国的人物形象——那些代表着幸福和好运的形象。但这可能犯了中国人的忌讳——点燃香烟不就意味着好运的消失、噩运的来临。[102]

中国当时各地都发行货币，对一个覆盖全国市场的公司来说带来不小的困难。有英美烟公司的员工曾这样描述："这里是苏州币，那里是港币。几乎每一个省都有自己的货币，并且价值略有差异。当时国家的标准货币是鹰洋（墨西哥元），1 鹰洋为 48 美分，但有些地方又按 44 美分，或 46 美分计算，等等。"[103]

此外，老晋隆洋行花费了大量精力和资源来保护英美烟公司香烟品牌。盗版不仅会影响销量和收入，更会损害一个品牌的声誉。为了遏制仿冒品，老晋隆洋行甚至会定期回收人们抽完烟的空包装盒，就是为了不让这些盒子流入仿制烟的黑市。有钱能使鬼推磨，因为很快就有人发现，把那些空盒子卖给仿制商也是一种暴利。[104]

1905 年 4 月 26 日，上海公共租界会审公廨庭审了一个案子[105]，恰恰印证了侵犯知识产权会承担的严重后果。有一次，3 个街头小贩在上海的百老汇路*被逮捕了，他们均因售卖仿冒海盗牌和品海牌的香烟而被控告。被捕后，他们都承认货源来自当地一个靠仿制名牌香烟为营生的小商铺。会审公廨判了他们每人各 300 大板的惩罚。其中一个小贩两周前才被抓过一次，这次居然又以身犯险，可见贩卖盗版香烟的利润有多可观。[106]

杜克持续投入经营一个巨大市场反映出中国市场在英美烟公司全球战略中扮演着重要角色。在 1923 年前，杜克一直担任公司的董事长，他将所有时间都花费在了公司的全球扩张，因此中国市场十分重要。[107]就如唐默斯后来回忆所言："在讨论驻进中国还是印度的时候，最终拍板的都是杜克先生。"[108]奇怪的是，劳里茨·安德森和杜克几乎没有直接的联系，但却和其他同级经理人的关系比较密切。

---

* 百老汇路即今大名路。——编者注

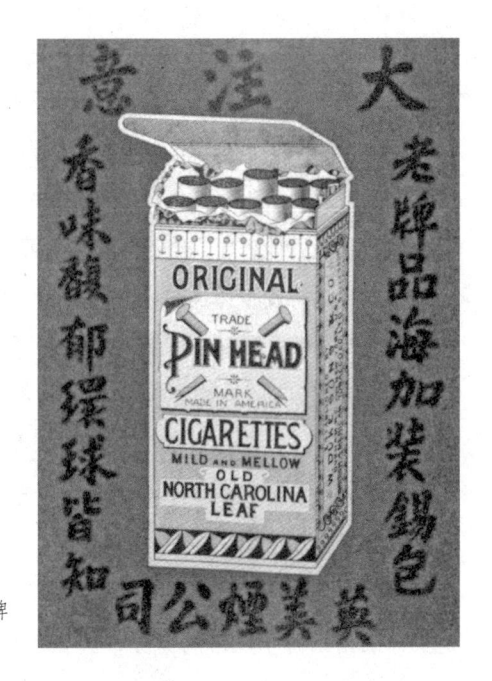

图8-7 英美烟公司生产的品海牌香烟在中国热销

基于这样的背景,在驻华英美烟公司建立的头几年,安德森陆续给纽约和伦敦的总部寄去过许多详细的报告。是的,他对中国市场再熟悉不过了。1906年春,他在给哈里斯的一封信中就描述了中国烟草行业竞争日益激烈:

> 在烟台、天津、汉口、济南这样的港口城市,形形色色的人都想分一杯香烟的羹;埃及烟草公司已经在上海建起了一座烟草生产工厂,该工厂占地50英尺宽、150英尺长,有3层楼,规模不小,但是设备还是老一套。菲利普先生先前曾在日本待过,现在回到了中国。我相信他正着手在中国人的帮助下在埃及人的工厂旁边再建一个新厂。我常常想,他们在市场上不可能战胜我们,因为我们的商品便宜,我们的门店遍及各省市,甚至深入乡村。当然,新的竞争总是以不愉快的方式开头的。[109]

如果英美烟公司最初起用安德森并没有寄予他多大希望的话，那么，他们很快就改变主意了。一个活的中国大百科全书、一个在中国工做了几十年的"中国通"，这就是安德森，也是他在英美烟公司起步阶段就被重用的原因。以至于后来即使是安德森想要退休，英美烟公司还积极想办法挽留他。"老板跟我说，我可以休6个月的假期，甚至是一年，只要我觉得我身体状态恢复得不错，能够再工作几年。"他在1907年1月给路易斯·穆斯塔德的信中谈道。⑩

显然，英美烟公司非常依赖那些具有丰富经验的"老中国通"。这也从侧面验证了这个公司存在脆弱或被动的风险——必须依赖某些人不利于公司的稳定发展。这本身就是一个悖论。为了推动相关经验的制度化，唐默斯提出了"163号条例"，即所有的英美烟公司外派代表必须每月向上海总部汇报一次完整的信息表，具体包括两个内容：一是要详细指出各个城市的情况，例如人口、货币、收入水平；二是要汇总与烟草行业相关的重要信息，例如小贩、经销商以及烟草品牌的数量。⑪

20年后，英美烟公司的内部期刊曾这样写道：⑫

> "163号条例"可以说是整个公司结构组建中必不可少的规程。正是因为这个条例，英美烟公司才能及时掌握每一个城市的真实情况……它对整个中国市场的物价水平和商品经济分布情况的掌握，在公司的成功发展中发挥着举足轻重的作用。因为，这使得经销商能够根据当地的货币体系将公司产品置于合理的价格范围。

因此可以说，在如此幅员辽阔和变化莫测的中国，当其他行业的市场经验几乎为零的时候，英美烟公司积极引入"163号条例"是促成它顺利发展的重要一步。然而，这也意味着安德森及其同僚作为"中国通"的地位正在慢慢消解，未来公司是否继续聘请他们，不得而知。

图 8-8　中国香烟小贩，摄于 1906 年夏

除了"163 号条例"，英美烟公司的这些"老中国通"之所以渐渐退出历史舞台，还有一个重要原因：英美烟公司将尽快地熟悉当地的情况作为那些新上任的管理者的首要任务。英美烟公司特别看重管理者的中文学习能力。为此，他们专门设定了一个奖励机制：谁要是能在公司所设定的中文口试中脱颖而出，就能得到 500 美元的奖金。⑬不过，语言只是一个沟通的工具。一位瑞典人，作为英美烟公司的代表被派往西安工作，但他很长时间都没有向上海总部汇报详细数据和市场情况。因而受到公司关注。于是，英美烟公司又重新派出了一位代表去往西安调查情况，却发现那个瑞典人正沉迷于学习中国的语言和文学，无心香烟生意。所以，新代表向公司汇报之后，那个瑞典人被解雇了。"然而，这个家伙后来却成为一位赫赫有名的汉学家。但没有公司再愿意雇他，这让他很沮丧。"⑭当时的一位英美烟公司员工后来这样回忆道。

这位瑞典人只是个例外。英美烟公司会为新来的年轻人提供机会，让他们在中国开启自己的事业。一位美国青年后来回忆道，当他刚入职的时候，唐默斯在欢迎会上的演讲中这样说："公司将为每一位入职的年轻人提供大好机会，只要你富有足够的魄力和雄心。一切都在路上，一切都在如火如荼地开始。公司就是你们坚强的后盾！"⑮

再如，17 岁的丹尼尔·阿克塞尔·雅各布森（Dane Aksel Jacobsen）于 1909 年乘坐德国汽船来到中国，当时还是一副稚气未脱的牛仔模样。他在上海落脚，并在英美烟公司找到了一份销售工作。正是这个岗位让他得以有机会在未来的 5 年里周游中国。他后来调侃道，他的工作就是"教中国人怎么抽烟"⑯。大概半个世纪之后，一份丹麦报纸上的关于雅各布森的讣告中描述他和同事招徕新顾客的方法："他们会在大街上免费赠送香烟，或是随意往地上扔半包。中国人之所以那么喜欢海盗牌香烟，很大程度上有他的一份功劳。安德森后来成为一名百万富翁，当然也应该感谢他。"⑰

当英美烟公司进入中国市场并将老晋隆洋行并购为一个子公司后，"精兵简政"便成了公司改革的首要任务。1904 年，在走访中国期间，坎利夫·欧文、哈里斯与安德森就公司的运作问题进行了长久的会谈，他们鼓励安德森"放弃任何给你带来太多工作或麻烦的事情"⑱。即使从表面上看，这似乎也能反映安德森想要简化老晋隆洋行的运营，砍掉那些边缘性的经营活动。然而，在接下来的几年中却事与愿违。老晋隆洋行逐渐发展成为一家大量欧美产品的代理企业。

安德森面临的挑战一波未平一波又起。进口生意就是他当时亟须解决的难题。举个例子，如果一个产品在毫发无损的情况下被退回，中国海关当局有可能会全额退还进口关税。但是，只要一批货物中有一件已经售出，那么也就没有退还的可能了。因此，预估一件产品能否在中国市场受欢迎，存在一定风险。但是，想要成功，销售就不可能保守。多年以来，这给安德森屡次带来困难。例如，1906 年春，当他进的一批货不能吸引任何消费者时，他就十分苦恼。"我也不知道该怎么办了，这里没人想要这个东西。但是我就卖掉一台两台，如果要退货，你是知道的，海关根本不会退还我的关税。况且，我还得把这些货装船再运回去。请问，我怎么办才好。"他在一封写给肯普弗的信中谈道，而正是肯普弗把这些货从美国给运过来的。⑲

20世纪初的中国，革命频频发生。这一时期老晋隆洋行的生意受到了影响。1904年春，安德森在给路易斯·穆斯塔德的信中透露："那些老生意每天都很难做。"他认为这不仅仅是因为竞争日益激烈，"我觉得与时局的动荡也有一定的关系。每一个中国人似乎都知悉或是期待这古老的中国再发生一次剧变，他的财富也可能会随之烟消云散。"⑳

有时，当老晋隆洋行要在中国推行一件新产品时，也会历经艰难。留声机就是其中一例。起初，这几乎是不可能完成的事。1909年3月，安德森结束国外的长途旅行回到上海之后，他看到了乔治·P.古德斯（George P. Godsey）签订的一份协议。古德斯在他出国时作为董事暂代管理。如今，协议的细节已无从知晓，只知道是和哥伦比亚留声机公司（Columbia Phonograph Co.）签的。但安德森一开始并不认为该协议会给老晋隆洋行带来什么好处。回国之前，他也在写给阿尔伯特·杰夫里斯（Albert Jeffress）的信中表达了他的不满。即便是回国两周之后，他仍在一封信中写道："我无法理解古德斯是出于什么原因去签订这样一份协议的。"㉑

不管怎样，安德森总会尽量化险为夷。1909年4月，安德森在给杰夫里斯的信中写道："第一批运过来的留声机还没有拆包，因为我们还不了解中国的音乐市场是怎样的。"㉒但是，仅仅两个月之后，安德森就开始大吐苦水："留声机生意给我们带来了太多的麻烦了，我们还有可能亏得血本无归……我真担心那些店主们会把我们的留声机用坏了，等他们退给我的时候已经成为一块废铁疙瘩了。"㉓因此，他便放弃了上海这个潜在市场，将希望寄予另一位身在华北地区的老晋隆洋行代理人。㉔

图 8-9　劳里茨·安德森计划在中国销售的哥伦比亚留声机

在 20 世纪初，上海的外国商人仍然是个相对较小的群体。基本上大家都彼此认识，彼此至少有所耳闻。因此，很多小生意也就无需拟定什么纸面合同。大多情况下，他们只考虑此人的声誉是否足以确保口头协议的可靠性，一旦订立，便会遵守。但有时也会有事与愿违。1906 年 6 月，老晋隆洋行就和一位顾客打起了一场持久的官司。这位顾客是因为公司交付给其新房子的装修产品——锁具以及其他一些五金没有达到他的满意度。其实这也没什么，但该案件的症结主要在于，安德森和这家提供五金制品的公司只是口头达成了合作协议，老晋隆洋行并不能就这场交易提供任何书面证据，这意味着，极有可能所有损失都将由老晋隆洋行承担。但万幸的是，安德森亲力亲为，全程参与官司的始末，经过多轮庭审之后，法庭最后判了老晋隆洋行胜诉。[125]

上海吸引了世界各地的企业家，这里是一个商业思想观念的大熔炉。老晋隆洋行被英美烟公司并购后，安德森一下子就富裕起来，因此他也频频关注需要融资的商业计划。但他也是十分理性的。1907 年初，他给路易斯·穆斯塔德的信中表示："我得尽量避开那些不切实际的计划和促销活动，否则这种多如牛毛的计划书我可看不过来。""最近，我遇到了一个老工程师,他说他学会了制造苏打水,他想从朋友们那借3万美元,并承诺会让他们发家致富。太多的人异想天开了,我真想找一块树林藏起来。"⑬

安德森除了负责英美烟公司和老晋隆洋行的工作,他还一直是上海生意场的重要投资者。他认为,这不仅能够扩大他的财富,而且还能够织就一张重要的关系网络,尽可能地把一些难以获取的信息和经验汇集起来。例如,他作为青岛啤酒有限公司(Anglo-German Brewery Co. Ltd)的股东,并参加每年的股东大会。有迹象表明他是一个活跃分子,例如,他曾提议要选举一位财务主管。⑫

20世纪初上海的发展定位就是国际大都市,只要有钱就能买到各种各样的娱乐。但安德森仍被那些简单的游戏所吸引,因为他那一代人在年轻的时候,最流行的娱乐游戏就是棋盘斗牛士,用的就是多米诺骨牌的碎片。"'斗牛士'这个古老的游戏仍然在继续,只是每一局的结束需要将手中的威士忌一饮而尽。"安德森在1905年给路易斯·穆斯塔德的信中这样调侃道。⑫

20世纪初,对于身在上海的外国人来说,扑克就是"斗牛士"的延伸和变体,是他们茶余饭后展开社交的重要方式。一些深夜打扑克的场景真是有谜一般的魅力,就算是几十年之后,他们依然会津津乐道。安德森在一封给熟人的信中就回忆了这样一个迷人的夜晚:"你会记得在菲斯克家那个打扑克的夜晚,房间里的蚊子比钱还多。"⑫安德森打扑克可是出了名的,认识他的人对此经常赞不绝口。即使是几十年之后,人们念念不忘在某局游戏中,他手持4张A虚张声势的样子。⑬然而,当他50多岁时,他却渐渐地对这些东西失去了兴趣。"我老了,太累了,不能再去四处走动或是推什么东西,甚至对打扑克也失去了兴趣。"当安德森写下这些文字的时候是1907年初,那时他已经57岁了。⑬

此外,安德森在上海著名的赛马场也花费了大量的时间、金钱和精力,尤其是上海跑马总会,安德森早在 1862 年就成为其会员。这家总会有一个传统项目叫"新人会员费"。该项目的规则是,在每一季的开始,会员们就像抽彩票一样选购赛马用的小马。数年来,安德森不仅是观众和赌者,更是通过这种"服务费"持有最具核心价值的赛马。1904 年,他买到了一匹棕色的赛马"克劳斯·卡特"(Cross Cut),但那一个赛季的表现似乎并不是很突出。[132]1908 年,他和比格姆(Bingham)一起买了一匹黑色的赛马"卡哈奇"(Khaki),它有一次在 15 匹赛马中跑到了第 2 名的好成绩。[133]

1905 年的赛季非常特殊。安德森通过随机抽取的方式买到了"阿特拉斯"(Atlas),那是一匹灰色的赛马,居然成为了当赛季"最受欢迎的赛马"。[134]然而,"阿特拉斯"的状态并不稳定,在 5 月 3 日的第一场比赛中只跑了第六名[135];第二天,仅居第八名。[136]直到最后一场,"阿特拉斯"才在 19 匹赛马中跑出了第二名的好成绩。[137]"它在训练中表现很出色,它的马蹄声和嘶喊声听起来很像一位胜利者,"安德森在一封写给友人的信中谈及,"上场那天,它却表现得很平常,很多人都很失望。然而,在最后一天,它很争气地拿到了第二名,我也因此拿到了我的股份 95 两。它在 19 匹马中能拿到第二名的好成绩。"[138]

事实上,安德森并不喜欢忙忙碌碌和拥挤不堪的大城市生活。因此,他在霞飞路*那个庄园式的家中,派对渐渐地少了起来,他到附近的乡村漫步多了起来。尤其是 1905 年从洛杉矶回来之后,去乡间感受大自然的机会就愈来愈多了,他还为此买了一辆带有橡胶轮胎的马车。"在乡村驾着这辆小马车,真是令人心旷神怡啊!真后悔没能早日体验,还有什么能比得上这样的乡村生活呢?"[139]

为了更方便地亲近自然,安德森在上海附近的乡村安置了一栋小屋,他工作压力大的时候都会来这里。[140]或许是由于老晋隆洋行经营良好,

---

* 霞飞路即今淮海中路。——编者注

第八章 与英美烟公司同行（1903—1911） / *107*

图 8-10 20世纪初的上海马场

图 8-11 劳里茨·安德森的宅邸，位于霞飞路，图片摄于2017年

能给他带来足额的经济保障,安德森决定在小屋周围建一个大花园。1905年花园完工了,他在给朋友的信中谈道:"所有的花草树木都栽种好了。我还在花园中央的喷泉池里养了许多金鱼,其实,这就是一个直径16英尺的水泥池子,里面矗立着一座假山,种有睡莲和鸢尾花。池中央的水柱喷涌而起的时候,真是美丽极了。"⑪

在他的老伙计罗伯特·穆斯塔德去世之后,安德森出于责任,决定照顾他的管家陆金辛(Low Kin Sin,音译)及其女儿陆素英(Low Sow Ying,音译)。因为安德森知道,穆斯塔德在世时,这两个中国女人就相当于他在上海的家人,他生前就希望他去世之后,她们的生活也能相对舒适些。⑫安德森积极、认真地承担了这一责任。穆斯塔德去世后没几年,陆素英便和他那有家暴行为的丈夫结束了婚姻。1905年夏,安德森十分严肃地给陆素英的丈夫写了一封信:

> 你的妻子已经再三地和我聊过,她哭诉着说你随意地辱骂她,甚至是拳打脚踢。我认为,你的这种行为极不得体。你是知道的,穆斯塔德先生死后将这个女孩托付给我照顾,我们都认可她嫁给你。你必须明白,我仍然需过问她的幸福。我得告诉你,如你对她已经不耐烦了,那就让她带上她所有的私人物品,平平安安地从你的住所搬出来,让她回到她的姐妹身边。她回来取走她自己的东西的时候,如果你再胆敢虐待她,那我就要以我自己的方式对付你的残暴了。⑬

然而,从现有资料来看,并不能确定陆素英是否逃脱了她那家暴的丈夫。但是,至少安德森在所有往来信件中再也没有提及此事。或许这可以表明,"没有消息就是好消息",他已经确保了她有一个全新的、安全的生活。

在那个年代,外国人在上海生活还是会遭遇一定的风险。安德森的

图 8-12 陆素英和她的 3 个女儿，摄于 1908 年

一位同事，来自北卡罗来纳州的烟草专家，当时只有 25 岁，却遭遇了一个悲惨的结局。这位年轻人已不知其姓名，他在浦东的工厂工作了 6 个月，主要负责教当地的员工怎样制作香烟。"他没有接种疫苗，然后得了天花，这是那个冬天非常流行的一种传染病。他当时的情况非常糟糕，很多人熬不过 5 天。情况糟糕透了。"[11]1905 年 1 月，安德森在给路易斯·穆斯塔德的信中写道。天花是一种频发且可怕的流行病，当时已经流行了几十年。当时的《北华捷报》有报道："或许人

们都想知道,自从天花第一次在上海及中国其他城市爆发后,又是什么时候能摆脱它呢。"⑭

安德森自 1884 年以来就再也没有回到丹麦过。事实上,在 1908—1911 年,他曾两次回到那古老的国度。当时的背景是,他突然对中国产生了一种矛盾的情绪。40 年来,中国一直是他的家。然而,在出国旅行之后,他现在发现他很难适应上海的生活。1905 年下半年他在从美国回来之后给他的一位美国朋友写信道:"我真希望能和你多待一段时间。外面每天都是'老蓝色'的中国人,真的有些厌倦了这样千篇一律的制服。我真希望换个环境。作为一个人,我宁愿留在(太平洋)另一边,然而,这却仍然是我有所作为的唯一之地。"⑭

六周之后,安德森对中国生活之厌倦依然更加强烈,这也能从他给另一位友人的信中看出来:"厌倦了……所有的中国事物,我真的希望能跳出来,去加州生活。"⑮ 那年秋天,这种感觉仍没有消散,安德森开始思考,从他年轻时起,中国发生了怎样的变化。他在给路易斯·穆斯塔德的信中写道:"这个国家已经不再像过去那样吸引着我,我们的老朋友,那些中国人已经变得越来越聪明和独立了……竞争也愈来愈激烈,许多新成立的小公司为了生存而艰难地支撑着,他们都在试图挣脱我们这些老家伙的束缚。"⑭

1908 年末,安德森得以有机会回到丹麦。他在中国东北地区的经历了长期考察之后,最终在哈尔滨落了脚。在此,他买了一张途经俄国去往伦敦的火车票,要到那儿去会见英美烟公司的管理人员。但对于安德森而言,这趟旅行的重点是要回丹麦看看。这趟火车要途经丹麦的 6 个车站,其中就包括他的出生地古尔城堡(Gurre)。将近 20 年后,安德森和丹麦记者林克谈到那次旅行:"那真是美好的回忆啊"。每一个词都能感受到,即便是阔别多年,能再一次踏上丹麦这片热土,也让他永生难忘。⑭

仅仅又过了3年,安德森又再一次回到了丹麦,这一次,他在哥本哈根北部的斯科兹堡(Skodborg)温泉待了一个星期。他同样去看了看首都哥本哈根,沿着码头走了走。"去看看那里的船,去回忆70年前,那时还是小男孩的我和父亲一块儿在这散步。"而且,在走回市中心的路上,他的所见所闻、所思所想,即便是许多年之后,仍然是他心中的"意难平":

> 阳光明媚,我向着阿玛林堡的皇家城堡漫步回去。路上守护的警卫和音乐的起伏,让人身心愉悦。忽然,我驻足在一扇窗前,当然屋内没有人注意到我。
>
> 很可能是由于我的热情,我不由自主地向前移动着脚步,当时离我前方的人还有一足之距,但突然一位警察冲了上来,用他的手重重地抵着我的胃部,并呵斥我后退。太难以置信了!我历经万水千山,从上海回来看看皇室的城堡和警卫的换岗,然而所受的待遇……就像一个孩子!
>
> 我非常地生气,我责备那个警察,建议他把他的手放到背后去。就像他在升旗时那样。但过了一会儿,他很可能是通报了我,我会被罚款的。算了吧,我便径直走了。这让我心神不宁,很长时间里路上响起的音乐似乎都不曾入耳。

1908—1911年,安德森的欧洲之行的最后一站是巴特基辛格(Bad Kissingen)最大的温泉度假村,这个度假村是卡尔·弗朗兹·戴普(Carl Franz Dapper)医生经营的。戴普是一位享誉世界的名医,他曾治愈过作曲家里查德·斯特劳斯以及其他诸多名人的疾病。当然,这位著名的医生也给安德森做过一次私人疗养。在他们最后一次对话中,戴普医生自豪地说:"我帮助你'丢'了35英镑。"从度假村出来后,安德森就从西伯利亚大铁路回到了中国。用他自己的话说,他"强烈地渴望再次见到中国"[153]。此时的安德森渐渐明白，他年轻时候所见的那个中国已经逐渐地走向了尾声，而一个新的中国正在悄然而起。

图 8-13　巴特基辛格的温泉，约摄于 1900 年

第九章　一个新的时代
（1911—1922）

1911年10月21日，当安德森结束了德国和丹麦之行再次回到上海的时候，他迎来了一个崭新的中国。[①]就在11天之前，长江上游约500英里的武昌发生了一场起义，这场看似是一次普通的叛乱，但是却以惊人的速度席卷全国，发展成为一场全国性的革命，最终结束了中国2 000多年的封建统治。"我也不太清楚在这种情况下，我是否真的愿意回来，"安德森在给一位英美烟公司同事的信中谈及，"整个国家到处都在处于动乱之中，反政府斗争也日益激烈"。[②]

11月3日，革命发展到了上海。革命军队很快就控制了大部分中国街区，因为街上的店铺几乎全都插上了他们的旗帜。[③]封建政权几近分崩离析。与此相反的是，上海市北的警察厅*还在顽强抵抗。[④]当天，安德森曾记录下这样的场景："他们告诉我，午饭之后，源于汉口的革命已经蔓延到了上海。警察厅已经燃起了熊熊大火，志愿者和消防队也已经赶到。"[⑤]上海的军火库**也被革命军控制了。[⑥]安德森认为，"当时的死伤只有少数几个人。然而，夺取了宝贵的军火库，这点牺牲也是在所难免的。"[⑦]

---

* 此处的"警察厅"可能指当时的上海巡警总局。——编者注
** 此处的"军火库"可能指江南制造局。——编者注

这场革命最为显著的特征是——它是一场和平的革命。据安德森所言:"整个城市都非常安静……这意味着整个革命非常成功,这与人民的意愿是一致的,人人都认为必须变革才能救中国。一座接着一座的城市甚至没有动用一枪一弹就已经改旗易帜了。"⑧安德森指出,这和先前发生的内乱极为不同,这一次所到之处并没有发生针对外国人的大规模抗议。⑨但同时他也告诫人们,保持中立的重要性,不然,一夜之间也可能会发生反转:"我们外国人应该这场争斗中保持中立,让中国人自己的矛盾自己解决,否则,也会引火上身。"⑩

　　11月底,清军夺回武昌却让安德森对革命更加地乐观。⑪他认为,正相反,这些挫折更能够激发革命,但就目前的情况来看,他们可能会被建议接受皇权之下的君主立宪制。⑫安德森在12月初的一封信中写道:"当下之共和仍是不切实际的、也不太可能,除了那些在通商口岸的人们,这里的大多数人几乎不知道共和国的含义,甚至是认为,这将是一个不向人民征税的政府。"⑬武昌起义造成的系列影响从企业的营收数据来看,一目了然。9月中旬,老晋隆洋行的产品在中国一周的销售额至少能达到6万美元;进入10月却缩减至1.4万美元;当进入11月时,已经几近跌落到了0。⑭贸易的停滞很大程度上要归因于物流因素。由于时局不稳定,船运公司都不愿意承接长江上游的货运,他们只接受单纯的乘客运送业务。⑮战时存在货物被劫和被毁的风险,所以老晋隆洋行的大部分客户,包括他的批发商和零售商都取消了订单。⑯

　　与此同时,所有的支付系统也发生了故障。南昌起义几个月之后,才有约三分之一的银行开门做生意。⑰安德森在给英美烟公司同事的一封信中写道:"当然,并不是说全国所有的贸易都停滞不前了。但是不可否认的是,现在的商人害怕去提货,因为银行纷纷倒闭,没有人愿意要本地银行所发行的纸币。人们都在大量囤积鹰洋,市面上几乎没有什么东西可供流通了。"⑱对于安德森这样的商人来说,战争所引发的经济停滞是十分煎熬的,正如他在给美国同事阿尔伯特·杰夫里斯的信中写

第九章 一个新的时代（1911—1922） / 115

图 9-1 辛亥革命后，大英烟公司在中国的香烟包装。图中的国旗代表了北洋政府时期的中华民国

图 9-2 辛亥革命的场景

的:"我整日听不到银币的叮当声,实在太郁闷了。"⑲

革命所引发的动荡仅仅持续了不到三个月。清政府试图镇压革命,但也只能算作灭亡前的回光返照;1912年1月1日,这场革命的领导人孙中山宣布成立中华民国,他将担任第一任总统。"中国会成为一个真正的共和国吗?……不过,这已成事实;但未来会如何,我们拭目以待。"安德森在给友人的信中有一些怀疑。⑳

封建帝国瓦解之后不久,中国所发生的变化就已经有目共睹了。清王朝的统治早在17世纪中期就已经拉开序幕,他们顶着长长的辫子垂在后背。然而,当清王朝穷途末路的时候,这根特殊的辫子却成了它的一切象征:一个老旧的、衰退的中国;而革命者所做的第一件事就是剪掉它,无论是出于自愿还是被强迫的,国民必须剪辫子。"大部分人的辫子都消失了……午饭后,沿着南京路漫步,我数了数,还有少数人留着他们的辫子,也只是二十分之一左右。"㉑安德森在1912年春写道。

革命之后不久,安德森问他的仆人,如果他的辫子也剪了那看起来会如何。仆人笑笑道:"我觉得那会像下了地狱一样。"尽管如此,他的仆人最后还是剪了辫子,把剩下的头发梳了个中分头,像极了"帕德雷夫斯基"。正如安德森所言,波兰的政治家和作曲家伊格纳西·帕德雷夫斯基(Ignacy Jan Paderewski)的肖像画中基本都是这样的中分头,这也是19世纪后期非常流行的一种发型。㉒

在上海这个国际性大都市,欧美文化的影响尤为强烈——西服和西方礼仪在革命后变得非常流行。安德森发现他的仆人总是充满渴望又十分羡慕地打量着他的帽子和西服,可能希望有朝一日安德森用不着的时候能够送给他。安德森还发现他的橄榄油用得特别快——他的那些仆人都在把它作为润发油让头发光亮亮的,显得更"洋气"。㉓

在时局稳定之后,香烟的销量明显比先前还要好很多。安德森在1912年4月写道:"尽管还会面对许多困难甚至是资金的缺乏,但这里的香烟生意确实非常兴隆。我们每个月都在刷新销量纪录。"[24]然而，过了几个月，安德森对当时中国许多地方法律的缺失愈来愈失望。例如，在许多地方，老晋隆洋行的货物都被无纪律的士兵洗劫一空。[25]

对于安德森而言，与时俱进、不断地了解中国的实际情况非常重要。尤其是为了维持他在英美烟公司的位置——毕竟，这是因为他作为"中国通"才拥有的。为此，他把大量的时间花在了尚贤堂，这是美国传教士李佳白（Gilbert Reid）为了加强中西方的交流而在上海成立的一个组织。[26]功夫不负有心人，付出和回报是成正比的。1912年4月的一天，李佳白在尚贤堂招待了安德森，安德森有幸见到了中华民国的第一任总统孙中山。在辛亥革命之前，这位著名的革命者曾不得不离开上海前往中国南方，现在能在上海见到他，何其有幸啊。经过了一个长时间的会面之后，孙中山与在场的人一一握手。[27]"他看起来非常有智慧。"安德森后来回忆道。[28]

图9-3 英美烟公司在辛亥革命后的一段时期内持续销售香烟

辛亥革命之后的一段时间里,上海就像是中国大陆保持相对独立的一块"飞地"。安德森曾记得,1912年春天的上海曾发生过一次兵变*,但是他又心平气和地加了一句:"那也没什么好说的。"㉙一年之后,情况又发生了变化,"政治氛围再次乌云密布",1913年春安德森写道。彼时,政治精英中敌对集团之间的紧张关系达到了顶点,甚至某位国家政要都遭遇了敌手的暗杀。**"每个人都是非常焦虑的,贸易也随之再次停滞了。只有香烟生意还能勉强维持,难道焦虑的人们只能'借烟消愁'了?"㉚

短短数月,情况还在不断恶化。当年的夏天,中国爆发了"二次革命"。这一次革命由国民党人领导,意在讨伐袁世凯的独裁专政。上海也未能置身之外,华人街区的动乱导致了成千上万的避难者经徐家汇涌入了法租界。㉛据丹麦外交官雨果·赫尔格尔(Hugo Hergel)回忆:"当时很少有人帮助这些难民,而安德森就是帮助难民的、屈指可数的白人之一。他打开了宽敞的住所,确保他们不会忍饥挨饿。"㉜

仅仅几周之后,安德森再次加入了保护弱势群体的工作。为了帮助无家可归的妇女和儿童,他们发起了一项募捐运动。同时,他们还为那些失业者找工作,让他们远离犯罪。老晋隆洋行当时捐了500美元,是当时捐献最多的捐款人之一。该募捐运动是由前清外交官伍廷芳发起的。㉝安德森大概就是这个时候认识了伍廷芳,这在3年之后安德森写给唐默斯的信中可见端倪:"我们共同的朋友伍廷芳现在是外交总长,而他的儿子也将要被任命为驻美公使去华盛顿了。"㉞

辛亥革命之后,英美烟公司与中国政府的接触似乎愈来愈多了,一方面是因为中华民国政府正考虑以多种方式促进财政发展,并重点刺激烟草和香烟的税收。英美烟公司则以积极的姿态主动参与,早在1912年就派出了两位代表赴北京寻求未来的发展之道,而税务当局也看在眼里、记在心里。因

---

* 此处可能安德森记忆有误。"兵变"可能指二次革命时沪军都督陈其美起兵讨伐袁世凯时应是1913年,而非1912年。

** 此处应指宋教仁遇刺事件。——编者注

此，当初的计划在两年之后才得以在这种特殊的政策中实现。英美烟公司早已做好了充分的准备，并且有能力引入诸多措施去使各方都满意。㉟

中华民国最初的几年里，袁世凯可以说是中国的一位强人。他在前清政府已是高官厚禄，到了中华民国则地位更加显赫，后来甚至成了大总统，最后他还自封了皇帝。与历史上大多数商人一样，英美烟公司的管理者们也希望有一个稳定的环境和可期的未来。但是，他们认为若将袁世凯的统治作为最理想的选择，显然不切实际。㊱对袁的失望一直持续了四五年，直到他1916年6月死去，人们都在期望更好的时代。

"袁世凯死去之后，一切似乎都在朝着好的方向发展。要是不同的政党能够就一些大事情协商解决，不再兵戎相见而是都心平气和地一起把这个国家建设得更加美好，那么一切都将再次回归繁盛。"㊲安德森在给杰夫瑞斯的信中写道。安德森的希望虽然落空了，但他并没有失去他的初心和乐观精神。直到20世纪20年代后期，我们在他的信中还能够看到现代中国反复出现的一个主题就是动荡不安。而与此同时，他对未来仍充满希冀：更好的时代终将会到来。

20世纪头十年，安德森格外关注中国动荡的政治时局。他常常积极地通过各种关系与当时的高层保持一定程度的沟通。正如1916年3月袁世凯去世之前，他在致纽约总部的G.G.艾伦（G. G. Allen）的一封信中所描述的：

> 现在的政治环境正如我所预料的，大多数人，据说有90%的人都不买袁世凯君主制度的账。整个南方和西部省份都动荡不停，迫于这种现实压力，袁世凯赶紧宣称取消修宪。可以想见，他现在正忙着焚毁他登基大典的纪念品和文件呢！现在，他又回过头宣称所有的君主观念统统废除，他还做着继续当大总统的黄粱美梦。
>
> 我也曾就这个事情和中国的一些仁人志士交流过，他们都认为袁世凯必须下台，否则国家将不得安宁。没有人再会相信他。即便是他拉回了曾经反对他的三位前部长，他们此刻也认为，如果袁世凯不辞职下

图 9-4 中华民国总统，后自封为"皇帝"的袁世凯

台，即使他承诺再多国民都无法接受。总而言之，袁世凯必须下台。

这个国家的政治现状使贸易再一次陷入了困境。商人不敢买卖大宗商品，生意也因此萧条起来。㊳

在后来在写给洛杉矶商会的高管——沃伦·曼利（Warren Manley）的一封信中，安德森直接建议他不要来中国，希望他另辟天地。"这儿的贸易十分萧条，一定程度上是因为缺乏航运设施，但更多的是受这里政治环境的影响。就我自己的公司来看，现在已是人满为患了，没有空缺。而且据我所知，其他美国公司也存在同样的问题。"㊴

在这一段时间，安德森并没有发展什么新的、未涉足过的生意。他让老晋隆洋行维持了原来的生意，舍去了所有的出口业务，只做外国商品的进口和分销。当出口条件允许之时，安德森及其老晋隆洋行的同事也只是一贯地依靠英美烟公司，毕竟它在出口方面具有丰富的经验，基础设施也较为完善。㊵

图9-5 大英烟公司的香烟

清王朝覆灭多年之后,安德森仍将那个时代描述为"有序的旧中国"[41]。他认为,那时的市场环境是井然有序、一切皆可掌握的。"他是真的怀念那个时代中国的秩序,至于说到当下的中华民国政府则耸了耸肩。"[42]林克在安德森晚年访问他之后写道。

尽管民国时代对英美烟公司来说意味着新的挑战,但作为当时中国的一个商业巨头,它的地位仍是不可动摇的。1915年,英美烟公司每个月仍然可以卖出10亿支香烟,其中,大约有二分之一至三分之二的样子都是在上海、汉口、沈阳和哈尔滨的工厂生产的。英美烟公司同样是中国最大的雇主之一,它为1.3万多人解决了工作问题。[43]在接下来的10年之中,英美烟公司仍在扩张,它又在天津和青岛增设了新的工厂,彼时的工作岗位将达到2.5万个。[44]

1912年10月25日，老晋隆洋行和英美烟公司所达成的一份新协议意味着打破了原先老晋隆洋行香烟并在上海及周边100英里以内对英美烟公司香烟产品的独家代理权。⑮4年之后，安德森在给英美烟公司的一封信中谈道："在你的信中，你一直强调你有权随时终止老晋隆洋行在上海之外为你的货物设立销售代理的权限。"⑯这种地理限制的准确性是很模糊的，从现有资料来看，我们几乎找不到任何相关细节。或许，英美烟公司给予老晋隆洋行的权限范围只是一个口头协议。但从安德森的信中可以看出，老晋隆洋行的客户远及海参崴——一个距上海1 000多英里的城市。⑰

　　由于老晋隆洋行和英美烟公司之间关于上海之外生意的划分界限非常模糊，因此，1914年英美烟公司对其中国的商业实施重组之后，我们很难说清楚老晋隆洋行受到了怎样的影响。许多小型的销售处都被取消了，只保留了上海、香港、汉口、天津以及沈阳这几个地方。像英美烟公司这样的商业帝国，这十年来能够维持一个持续的增长、随时的调整且精简运作的现状，就是为了避免组织的混乱。然而，这是否对老晋隆洋行造成了影响，从现有资料来看也很难判断。⑱

　　作为老晋隆洋行的总经理，安德森将大量不同种类的产品引进了中国市场。其中就有丹麦人所有的澳大利亚菲利普·海曼公司（Philip Heyman）所产的黄油。1913年4月，安德森在一封致公司董事会主席艾格·海曼（Aage Heyman）的信中描述了西伯利亚产黄油和澳大利亚产黄油的竞争日益激烈，西伯利亚的黄油要比海曼公司产的更为便宜："中国的消费者往往青睐便宜货，甚至牺牲质量。"⑲

　　然而，像老晋隆洋行这样的大贸易公司，市场涵盖了整个中国，这就需要它持有一定的库存水平，并且要随时了解市场动向，例如精准判断哪些产品是中国消费者所欢迎的。因此，在20世纪10年代，老晋隆洋行成功引进了大量产品，其中就包括绣花机和肥皂。⑳1916年9月，安德森在给唐默斯的信中如实写到："我们的业务尤其特殊，还请仓库一定仔细对待……否则，新到的货先进入了市场，那么仓库里的货物就在自己手里成了旧物。"[51]

为了满足产品需求，就需要不断调整利基产品的库存。例如，安德森为了满足经销商销售蜡烛的需求，就代表老晋隆洋行与生产商进行了长期的周旋。虽然老晋隆洋行代理了英国白礼氏洋烛公司（Price's Patent Candle Co.）在中国的分销权[52]。但是蜡烛的供应在很长一段时间里并不能满足巨大的市场需求。这极有可能是第一次世界大战导致供求关系恶化的结果。

在1916年9月的一封信中，安德森谈到了当时的情况："蜡烛公司并不能为我提供充足的蜡烛。整个夏天，我们每个月只够卖两三千件。从10月1日起，我们每个月能拿到3万件的货量。如果他们真的能保证充足的货源，我们一天能卖5万美元。"[53]6个星期之后，蜡烛的销售变得顺畅起来。"我们现在每月能卖出3万件，然而，如果货源跟得上，我们能轻松突破5万件。我不太喜欢这种蹑手蹑脚的生意，但也没什么办法。普莱斯的人简直是按需分配。"[54]

尽管并没有证据表明英美烟公司对老晋隆洋行存在不满，但有迹象表明，英美烟公司在简化中国业务的进程中，的确考虑过要终止与老晋隆洋行的合作。1920年10月17日，杰夫里斯来到了上海，意在讨论老晋隆洋行和英美烟公司未来的发展关系以及其相关事务。[55]当时有人提出，英美烟公司应该解除与老晋隆洋行的合作关系。但是从安德森给英美烟公司纽约总部的艾伦的信中可以看出，他们的会谈很顺利，并且老晋隆洋行在英美烟公司整个组织结构中的地位也没有发生变化：

我们会见了杰夫里斯先生……我们讨论了与老晋隆洋行的相关问题，在财务和未来贸易的发展方面，我们都会有很好的地位。杰夫瑞斯先生非常满意，因为就当前来看，几乎所有人都遭受了重大损失，但我们的贸易额不仅没有下跌，而且还在稳步增长。杰夫里斯先生无论如何也不赞成卖掉英美烟公司所持的股份，当然，他也

不允许老晋隆洋行搬离这栋大楼。㊱

1916年春,安德森被告知,他的老朋友、先前最为亲密的同事之一——查理·本尼特去世了。㊲本尼特1907年离开了老晋隆洋行。从那时起,安德森就目睹了他命运的衰落。最初,他是想做一个股票经纪人,但没有成功。后来,他的妻子舍他而去,他也就搬回了美国。但他的衰落并没有因此而停止。㊳对于安德森而言,他的"老中国通"朋友们已经陆陆续续地离世了,这意味着如果他想要享受自己的退休生活的话,时间也所剩无几了。

早在1913年,安德森就计划干到1915年底就退休,那时他将是66岁。他想过上安静舒适的退休生活。㊴1915年的3月,他乘船去了美国,打算到纽约的总部会见英美烟公司的高管商量交接工作的具体事宜。㊵然而,事情完全出乎他的意料,英美烟公司并不打算让他这样宝贵的人才早早退休。

在英美烟公司苦口婆心地劝说之后,安德森也勉强地答应了。显然,条件是比以前宽松了许多,但薪水相应地也不再那么丰厚。在英美

图9-6 70岁左右的劳里茨·安德森

烟公司现有的资料中,我们未能找到安德森新合同的具体信息,但安德森辞去大英烟公司董事职务的愿望应该是实现了。时至今日,大英烟公司依然是英美烟公司在中国最为重要的两大支柱之一。⑪与此同时,安德森的大部分收入就只剩他所持股票的分红了。⑫他在给唐默斯的一封信中谈到了他的新安排:

> 过去两年里我就下定决心,到了1915年底我必须要退休了。但坎利夫·欧文先生一直劝我,新的安排将更适合我,一方面我的住所将仍在上海,另一方面,我也来去自由。但我仍有疑问,仍觉得不自在,毕竟,自由才是我的归宿。好吧,那就让我们拭目以待吧。⑬

安德森的决定让他的同事们如释重负。唐默斯在接到他的信的第二天就给他回了信。他告诉安德森,能和老晋隆洋行继续同行真是好极了。"我可以确信,你在中国长期积累的经验将对我们的业务发展非常有帮助。"唐默斯写道。⑭大约同时,杰夫里斯也给他写了类似的信,表示他对安德森能够做出继续留在英美烟公司的决定感激不已。

安德森同意了延期退休,但他也想尽可能地减少工作量。然而,事与愿违。从美国回来还不到2个月,大部分事情还是一如既往,丝毫未变。安德森又再次回到了苏州河畔的总部大楼,工作依然如故。"我本以为我回来之后,工作会轻松一些。但事实上,我又回到了老作息……除了办公室,我不知道要去哪里,我就像往常一样坐在桌子旁边。"⑮安德森在给杰夫里斯的信中写道。

与此同时,英美烟公司开始着手起草一个回收安德森所持有的老晋隆洋行股份的协议,正如最初在1903年协议中所写的那样。协议的具体细节并不清楚,但从1916年4月7日的一封信中可以看出,英美烟公司试图以老晋隆洋行未来的销售额为基础来衡量他的股价,但这个收入仅限于上海方圆100英里范围内的销售额为标准,超过该范围的一概不计——尽管老晋隆洋行作为英美烟公司代表最为活跃的生意区域是在华北。[66]

安德森对这一变动极为不满,因为这意味着老晋隆洋行股票的价值大幅缩水了,他也曾就此明确地向英美烟公司表明他的态度。"我不希望生活在不确定之中。而我未来的收入,也就是我财产的价值因你的评估而变得不确定了。因此,我宁愿现在就抛售我的股票,也不接受你们的新提议。"[67] 1916 年 5 月 2 日,他在给英美烟公司的回复中写道。

在接下来的几个星期中,安德森与英美烟公司希望制定出一个折中的方案来。然而,最终的结果与先前并没什么差别。因为,其中已经确定股价的计算方式是以老晋隆洋行在以上海为中心的 100 英里半径内的收入为基础,而对安德森唯一的让步在于,股价无论如何都不得低于老晋隆洋行有形资产的比例净值。但正如安德森在给杰夫瑞斯的信中所言,这也只是一般的计算标准罢了。[68] 换句话说,从新协议中也可以看出,在英美烟公司迅速成长的组织架构之中,安德森的地位确实是在不断地被弱化。[69]

在英美烟公司的结构层级中,安德森的职权被逐渐削弱早已达成了共识。在烟草帝国建立的头几年,安德森被视为珍宝,因为英美烟公司还未能在中国建立起它自己的权威专家。但到了 20 世纪 10 年代中期,英美烟公司已经积累了丰富的中国经验,当安德森决定辞去大英烟公司的职务时,他们欣然允许了。当然,英美烟公司的管理层仍然非常感激他对老晋隆洋行所付出的一切。

安德森慢慢地削减了他的工作职责,到了 20 世纪 20 年代初,他基本上是处于半退休状态了。"虽然我仍担任老晋隆洋行的经理,但也只是每天早上过去看看。今年底,我真的要全身而退了。"[70] 他在给一位朋友的信中写道。当杰夫里斯于 1921 年春访问上海的时候,安德森的退休又被认真地讨论了一遍。安德森表达了他要在夏天之前退休的强烈意愿。尽管如此,他还是为公司比原先谈好的又多工作了 6 个月。

图 9-7 大英香烟公司包装盒上的大公鸡

直到 1921 年 12 月，安德森已经 72 岁了。他觉得他多一天也不能再干了，他在给回到伦敦的杰夫里斯表达了他的想法：

> 我觉得是时候了，我该退位让贤了。炎热的夏天已经让我崩溃了，我觉得我的身体都不太好了。其实，像我这个年纪，想要有什么长进那是不可能的了。如果你允许，我希望 2 月底（1922）能够退休。届时，我将在三年内完成我目前工作的安排。㉑

这一次，英美烟公司管理层同意了安德森的申请。1922 年 3 月 27 日，他写了一封信给老晋隆洋行的董事：

> 由于我年老体衰，我很遗憾地告诉您，我将于 4 月 1 日起不再

担任公司的经理。但是,我仍在上海,如果还能对公司有什么建议或信息上的帮助,我也很乐意为您效劳。[72]

尽管安德森与英美烟公司达成的协议是否是在1916年,现在也并不确切了。但从他的收入来源上看,自此以后几乎他的全部收入都是来自他的证券投资了。如前所述,英美烟公司刚成立的时候他就进入了公司的管理层,因此他持有大量的股票也不足为奇。到了1920年1月,他已经持有股票844股。[73]然而,由于他的薪水缩减,定期的股票分红对他来说就比以往更为重要了,他甚至有时会抱怨支付的延期。在一封1916年6月致杰夫里斯的信中,安德森认为,英美烟公司已经积累了巨大的利润,也应该给股东们分一分了:"我希望您能尽快发号施令,给大家分红。"[74]

英美烟公司的主要股东美国烟草公司在1911年遭遇了反垄断诉讼案,最终,最高法院裁定其终止烟草生产。然而,这个巨大的转变并没有影响英美烟公司在中国的生意,因为中国地区的注册地是英国,不在美国反垄断法的效力范围内。[75]因此,对安德森本人来说,这也是个好事,因为他所持有的股票均来自驻华英美烟公司。[76]

然而,安德森到底持有多少股票,他又能赚多少,我们确实无从知晓。但是我们可以看出他对此非常满意。"自从反垄断制裁以来,所有的烟草库存都增加了,这不是很奇妙吗?反垄断似乎也没有得到什么好处……我觉得这个结果很好,要是我一年前在纽约多买些美国烟草公司的股票就更好了。我觉得英美烟公司的股票真是出奇的高,不是吗?"[77]安德森在1912年给杰夫里斯的信中写道。

20世纪初的证券交易,尤其是国际性证券交易不仅缓慢而且非常复杂。因为当时国家间股票交易资产变现能力低下,全球市场仍处于碎片化状态。因此,当1919年安德森决定卖掉他所持的帝国烟草公司的股票时,他选择了在纽约进行交易。[78]然而,那里根本没有买家。

因此，安德森不得不写信去伦敦找市场。[79]但是，信件的往来也是一个十分缓慢的过程，一般情况下，一封信从纽约寄到上海再回到纽约需要 3 个月。[80]

安德森显得十分谨慎，对美国股票的交易尤其如此。"由于我当时离华尔街很远，如果经济出现衰退，股票就很难卖出，因此，我觉得政府债券更适合我。"[81]1919 年 9 月，安德森在给唐默斯的信中写道。当然，电报缩短了时间，但即使是当代科技也有常常不尽如人意。"我认为在这样的距离上处理股票是没有用的，即使是通过无线电波，有时也得几天时间才能联系到。"[82]安德森在给纽约的摩尔斯莱公司（Moore & Schley）的信中这样谈道。

在一家跨国公司进行海外工作也迫使安德森不得不持续关注汇率的变化，他得随时了解他的工资会不会突然缩水。由于美国新出台的纳税条例，1916 年，英美烟公司改变了对安德森的支付方式。在此之前，英美烟公司是将他的薪水存进一家纽约的银行，而现在则是把他的薪水直接转到上海的一个银行账户里。安德森借此机会要求将他三分之一的薪水以黄金的形式发放。然而，不久却出了问题，在接下来的几个月里，与黄金相比，白银的价格在不断地上涨。这对安德森来说却非常重要，因为他的许多开支都是和白银息息相关。为此，他便在 1918 年 8 月写了一封信，要求以后将他那原本以黄金发放的 1/3 薪水变更为白银。[83]

安德森一生游历广泛。1915 年 3 月，安德森来到了加利福尼亚州[84]，在洛杉矶北部的温泉度假酒店度过两周。那里有硫磺浴和锂盐泉水，据说对身体健康有益，这在 20 世纪初也非常流行。其实当时安德森也别无选择，由于当时正处于世界大战，他没什么地方可去，他更无法去拜访身在德国的戴普医生。他在给唐默斯的信中写道："这里确实对我有些好处，但还是不如巴特基辛格。"[85]

在度假酒店待了一段时间之后，安德森又参观了洛杉矶的世界博览会。这次博览会从 1915 年 5 月一直开到了当年 12 月，吸引了 2 000 多万人次参观。虽然官方说此次展览的是为了展示巴拿马运河的开运，但事实上更多的是展示 1906 年地震和火山爆发之后一片废墟的洛杉矶重建的速度。⑯ 从洛杉矶出发，安德森又搭乘火车去了加德纳市（Gardiner）和黄石国家公园。⑰

他这次旅行的目的地是美国而不是去欧洲，尽管有第一次世界大战的原因，但安德森现存的信件表明，世界大战对其出行之影响也是相当有限的。在一封唐默斯致安德森的信中，随口提到了 1915 年 5 月的一天，"卢西尼亚号"（Lusitania）在英国航线上被德国潜艇击沉，而英美烟公司的一位同事就是幸存者之一。⑱ 类似的灾难还有 1912 年的"泰坦尼克号"，这对于满世界跑的商人来说，这都微不足道。但重点在于，这也从侧面提醒了人们——在大陆之间不断地漂移是有生命风险的。

1920 年，安德森不惜长途跋涉去了一趟美国。5 月 27 日⑲，他乘坐日本汽船"天世丸号"（Tenyo Maru）从上海出发去往旧金山，并于当年 12 月 16 日返回上海。⑳ 在回来的路上他途经日本，当时正赶上一场暴风雪，"让人觉得圣诞将近"。㉑ 然而，这也是他最后一次横渡太平洋，此后他再也没有踏上美国的土地，尽管美国给他留下了极其深刻的印象。他曾在 20 世纪 20 年代描述过那种感受：

> 在我所见的国家中，在我看来，美国似乎是最伟大的。我几乎走遍了美国所有的名胜：精彩绝伦的黄石公园、穷妙极巧的科罗拉多大峡谷，还有不可思议的蒙大拿冰川国家公园（Glacier Park in Montana）。我的上帝！我在这个国家旅行过许多次了；为了香烟，我在纽约和旧金山待过很长时间。但我不会再回去了。我就是受不了他们在入境问题上的麻烦以及那些关于所有被禁止的东西的废话。㉒

那时候，他已经厌倦了彼时国际旅行的烦琐手续，这在他年轻的时候真

图 9-8 旧金山世界博览会的海报

是简单得多了。"穿越太平洋所伴随的麻烦对于我这样一个老家伙真是太多了,你得提前几个月做准备,以确保能够通过,然后在每个中间停靠的港口都有护照查验,这实在是破坏了旅行的乐趣。真怀念过去的极简方式——今天买票,明天就能走。"[63]

第一次世界大战前后,安德森也在部分地区有过短期的旅行,基本是工作和娱乐相结合。1913 年初,他曾去过中国香港和菲律宾,随后又去了北京和中国东北地区。[64]那年的 2 月,他去了菲律宾,待了 19 天[65],他想体验一下马尼拉一年一度的狂欢节;但去往北方的时候,则更多的是工作上的事了。[66]1917 年的二三月,安德森又一次地来到了香港和马尼拉,可能他真是喜欢那个狂欢节,又去体验了一次[67]。随后,于 1917 年 3 月 5 日乘坐"委内瑞拉号"(Venezuela)汽船经由香港返回了上海。[68]

尽管安德森经历了大量的旅行,但他也默默地萌生了结束他那周游世界的生活状态和向中国作最后告别的想法。尽管他经常表现出他与这个国家有着某种联系，例如他谈到他第一次离开中国出去旅行时，他说："当我到达边境站时，听到有人用中文聊天，我高兴极了！"⁹⁹但是，确实有迹象表明，在第一次世界大战爆发前的一段时间里，安德森有计划永远地离开中国，回到他的祖国丹麦定居。如前所述，他曾在1908年和1911年两次回到丹麦，之前他已经近四分之一个世纪没有回过丹麦了，这也表明了他的故乡情结。而且，他也曾多次表示，他在中国的生活即将结束。

他在1912年1月的一封信中回应了一项新的商业计划，其中就流露出了他想要离开中国的想法："我不打算从事任何新的事业，我在这里只是为了处理旧的生意。这些生意处理完之后，我就会回家了。"¹⁰⁰在另一封写给一位即将退休的老朋友的信中，他表达了同样的愿望，"只要我能处理掉这里所有的货物"。但当时时局的动荡，这些事情处理起来并不容易。¹⁰¹

诸多计划一搁置就是近10年。或许是因为"一战"期间国际旅行条件愈加困难，再加上1915年申请退休的失败，到了1921年底，安德森再一次地申请了退休。这次终于成功了。与此同时，他又开始计划离开中国。"马什医生告诉我，我不能再在上海过夏天了，因为整个中国的气候都不太好。我唯一要做的就是离开远东。"¹⁰²他在给杰夫里斯的信中写道。

早些时候，安德森在上海的社交活动中似乎有些狂热，他自己也曾在家里举办过大型聚会。但是在他70岁之后，他就不再参加什么社交活动了。正如他在一份信中提到的，可能是因为这个城市湿热的气候："在除了办公室，我哪儿都不想去，也不想见任何人。但是现在天气慢慢凉快了，我也可以出去走走，去见见人。"¹⁰³

有时，强权政治也会对上海这个国际性城市的社会生活产生影响。这里，跨国友谊比比皆是，但在战争或时局紧张期间，也会被认为是不可接受的。安德森本是德国总会的成员，但却在1917年11月份注销了自己的会员身份。具体原因虽不清楚，但很可能是因为他与美国公司关系密切，而当年4月美国加入"一战"，可能就直接导致他的会员权力难以为继了。[104]

安德森也是上海赛马场的常客，他也关注着世界各地的老相识在赛马场上的成功。1918年9月，安德森在报纸上读到关于西萨塞克斯郡古德伍德（Goodwood）赛马会的消息之后，便写信给杰夫里斯说："托格（Toeg）先生看到坎利夫·欧文先生在古德伍德赛马会上取得佳绩，他高兴极了！当然，我也是！""我们正在找他当时的记录和照片呢。欧文看起来很自然，他对自己的胜利非常得意，我握着他的手，同样为朋友的胜利而感到高兴。"[105]

人越老越喜欢回忆。安德森经常回想起早年时候他在上海工作时的那些简单的时光。在给一位友人的信中，他描述了他使用进口肥皂的时候如何深受其害——肥皂的化学物质让他的手和脸的皮肤大量开裂。他还开玩笑地说："这真让我觉着回到了过去，那种每年一次的新年洗漱。"[106]

早年的岁月多么无忧无虑啊！单身生活自由自在，朋友即家人，而今也已成往事，其中一些老朋友已经结婚定居了。他曾提到过一位与他关系不错的同事，一回美国就结婚了："与他之前那种游荡的生活方式相比，这真是一个巨大的转变！我如此强烈地盼望他快点回来，因为我倒要看看他和他的妻子站在一起会是什么样子。"[107]

安德森从未打消过结婚的想法，虽然时光易逝，年岁轮转，尚未成行。20世纪10年代末，詹姆斯·唐默斯回美国完婚对安德森产生了极大的触动。1918年8月，他在第69个生日之后不久给一位同事写了一封信，表露出了这种对婚姻的向往："我虽然还没有像唐默斯那样采取行动，但如果真这样做了，我一定会给你拍一份电报。唐默斯结婚了，我很高兴。他总是在忙着为别人安排婚礼。"[108]

图 9-9 20 世纪 20 年代，劳里茨·安德森在上海的赛马场上

阅读是安德森日常生活中不可或缺的部分。作为一名优秀的商人，他对每天发生的事情很感兴趣，并持续关注新闻事件。就如他在 1919 年 5 月的一封信中所说的："报纸似乎占据了我全部的阅读时间，虽然我也明白，过多关注报纸上那些琐碎的信息并不好，但如果我不去关注的话，兴许就会错过更多有趣的事情。"[109]

安德森不仅为了实用目的阅读报纸，他还读了许多文学作品。当时的畅销书，特别是那些具有异域情调的畅销书，他表现出了某方面的喜好。身在美国的威尔逊一直为他搜集各种书籍，不定期邮寄过来。安德森对此深表感激："我不知道还有谁会比你更有找消遣书的门道了。"[110] 例如，威尔逊寄给安德森的书有一本《印度百合花》(The Indian Lily)。那是德国作家赫尔曼·苏德尔曼（Hermann Sudermann，1857—1928）写的故事集。安德森曾评价他是一位善用"古怪概念"的"非凡作家"。[111]

此外，威尔逊还给他寄了一本英国作家托马斯·伯克（Thomas Burke，1886—1945）的短篇小说集《酸橙屋之夜》（*Limehouse Nights*），写的是伦敦唐人街发生的故事。读完之后，安德森认为伯克歪曲了中国人的精神样貌，宣扬的是"一种中国人怪异的、不道德的观念"，并指责这完全是无端的"对中国人的诽谤"。[112]此外，安德森还从威尔逊那里得到了英国作家伊迪丝·莫德·赫尔（Edith Maude Hull，1880—1947）的长篇小说《酋长》（*The Sheik*）。[113]

安德森还酷爱园艺。1913年，他在他家旁边买了一块地，虽然这曾是一片墓地，但并不妨碍安德森想把它设计成一座花园兼菜园的计划。他在给一位友人的信中写道："上个星期天，我们忙着挖掘了12口棺材，其中有些已经有150多年了。"[114]1916年，安德森的一个仆人向他告状，说花园主管在其他地方还有全职工作，安德森立即解雇了那个主管。"几天之后，那个厚颜无耻的家伙伙同了一帮人绕到房子的后面，把那个仆人痛打了一顿，说他不该插嘴他的双重职业身份。"[115]安德森在一封信中写道。

很长一段时间，安德森都没考虑买车。他曾半开玩笑地说，他根本不需要车，因为每次在步行上班的途中，几乎总是有一位开车的同事愿意把他给捎上。然而，当1916年从美国回来之后，他却不知为何产生了强烈的买车意愿。他看中了一辆最近进口的别克车。然而，正如他在给艾伦的信中所说的那样，他第一次成为汽车车主的经历并不顺利：

> 我的新车就在码头待命，当天一切顺利，车与人的状态都不错。但是到了第二天，在去办公室的路上，司机一下子对车失去了控制，并全速撞向了一棵树，我们撞得一塌糊涂，我被从车门扔了出去，我的眼镜丢了，眼睛被割伤了，身体受伤了，手也很糟糕。我不得不在床上躺了一个星期，现在才能进城。我觉得步行和骑马比较适合我，毕竟这是最安全的。汽车修理厂就是罪魁祸首，竟然

派了个糊涂蛋来给我开车。但是现在,我只希望他们能把我的车修好,毕竟它刚来的时候还是非常出色的。而我自己在慢慢地恢复,目前,除了眼睛,我简直像个披着文身的南海岛民。"⑩

对许多外国人来说,他们在上海生活要吃的最大苦头也许就是必须忍受这里的气候。即使离开他那寒冷的北欧祖国已达半个世纪之久,但是安德森依然难以适应上海夏季的炎热。安德森对此一直耿耿于怀:"天气渐渐凉爽,也正合适闲暇地思念老友……我们经历了持续整整一个月的梅雨天气,每天气候都是炎热潮湿的……一块腌牛肉也很难保存6个小时以上,更别提牛奶了——你都能眼睁睁地看着它变酸。"⑪

漫长的夏天是安德森最不喜欢的季节,在这时,只要可能他都会选择出去度假。上海的秋天算是凉爽了,但由于台风频频光临,似乎少了一丝秋日该有的温和。同时,这也意味着新的挑战。安德森在一封信中告诉唐默斯,1919年的台风尤为严重:

台风接踵而至,天气非常凉爽。但是在室内就能听到的风的嘶吼声,足以使人忧郁,我也睡不着。我的房子最近正在翻新,四周搭满了竹子脚手架供泥瓦匠粉刷外墙,这样房子的外立面就能焕然一新。后面的阳台也会做一个大的检修。然而,强风怒号,撕扯着脚手架,这些都使我愈加神经紧张。⑫

蚊子是另一个让人困扰的问题。他在1918年9月给一位朋友的信中写道:

我们这干热的天气已经持续了6个星期,连蚊子都进入了休眠状态。但现在空气又突然闷热潮湿起来,还在不断地下雨。那些虫子们又可以出来享受了……但无论如何,一杯加拿大俱乐部威士忌和苏打水，就能减轻蚊虫叮咬的刺痛，让我渡过难关。度过这个月，所有的痛苦才会烟消云散，美好也将随着秋天扑面而来。⑲

再一方面，流行病也一直威胁着上海人的身体健康。正如安德森给4年前离任的唐默斯写的信中表达的那样："自你离开之后，这里发生了很多疾病，最严重的是霍乱和痢疾。很不幸，我居然也染上了痢疾，足足卧床了两周。"当他写这封信的时候，他已经康复了一个多月了，但他的消化仍然有些问题。⑳他在给另一位英美烟公司同事的信中也提到过这次痢疾："我可以确定，我瘦了不少。但我在很长一段时间里都感觉非常虚弱。"㉑

第十章 赞助者
（1922—1928）

1922年春，安德森迎来了他的退休之日，他终于能从英美烟公司和老晋隆洋行的所有职位上退下来——虽然比他最初的规划迟了6年。他曾看到，那些老友退休后不久便纷纷去世，因此，他决定不再拖延。他曾跟一名记者吐露过他对老友离世的感慨："要么是他们等得太久了，要么是他们一放松下来根本无法适应。"① 他想避免这种命运，而解决之道就是让自己保持忙碌："与其在家待着，不如多出去走走。"②

刚退休时，他便在上海周边旅行，以此来摆脱大城市的压力，包括他曾在杭州的西湖附近徒步。③夏天快要来临的时候，他在医生的建议下，选择在6月底去日本——避开上海最炎热的那几个月。④那一年，他在日本停留了5个月，足迹遍布日本很多地方。在横滨的时候，他居然碰到了詹姆斯·唐默斯。这场照面仅仅持续了3个小时左右，因为唐默斯的船从美国出发，目的地是中国，登陆日本只是稍作停歇。安德森记得，当时唐默斯手里拿着支票簿，想要让他出售一些英美烟公司的股票。⑤

回到上海之后，安德森看来很清楚且已下决心在他退休期间做些什么。这里没有什么戏剧性变化。他已经决定放弃先前的计划，不再搬回丹麦了。他觉得不管怎样，亚洲更适合他。"我现在才发现，我很可能会在亚洲度过余生……中国太热的时候，我可以去日本。这样我才能和我那些老东家和老生意保持密切的联系，更好地关注和掌握我的利益，"⑥他在给一位朋友的信中如此写道。

安德森一退休就卖掉了他在霞飞路492号的公馆，搬进了一家酒店居住。1923年1月他在一封信中谈道："现在没有什么东西可以束缚我了，我也可以悠闲地来去，不再需要支付家务开销了。"⑦但是最终，他厌倦了酒店，渴望拥有一个长久的住所。1924年6月，他又在法租界西爱咸斯路*383号买了一块地，准备建一个小一点儿的别墅。⑧

"去年春天我也加入了失业大军，"他在给一位朋友的信中写道，"虽然没有我，我们的生意会更好，但我还是把我的办公室留在大楼里，我的老朋友们也可以经常看到我的身影。"⑨他真的几乎每天都会去英美烟公司的总部大楼，在那里他会看到一排长长的桌子，他会看到一些中外员工都在那弯腰做着账。他还会从一间间挂着平板画的各个部门的办公室门口路过。目之所及，都有安德森的功劳。"'这位老板'在他的地盘上似乎非常受欢迎，"林克在和他一起参观大楼之后写道，"这些人都知道，这里的一切都出自他之手。"⑩

尽管安德森已经年过七旬，但他仍然在频繁地旅行，只是现在他不会再去很远的地方。他跟林克说："我现在只能选择短途旅行了，比如日本就是个很好的去处。我也不记得我去过多少次了。"⑪"那个地方的自然风光很美，你可以徒步旅行，而我正喜欢散步。"⑫

1923年夏，安德森再次去往日本⑬。6月26日，他从上海搭乘"波托斯号"（Porthos）轮，经港口城市神户抵达横滨。⑭到达目的地之后，他入住了位于横滨西面的格兰大酒店（Grand Hotel），这里可以看到繁忙的港口区。⑮他总是一个人旅行，这已成了他的习惯。⑯7月10日的一大早，他就结了账继续他的日本之旅。⑰这一次，他把一些行李寄存在了格兰大酒店，包括他的衣物、珠宝和文件等，他想夏季之行结束后，在返回中国之

---

* 西爱咸斯路即今永嘉路。——编者注

图 10-1　格兰大酒店，1923 年地震前后的不同面貌

前再把这些东西捎带上。[18]

轻井泽是他的第二个目的地。这个地方位于日本内陆，被称为"日本的阿尔卑斯山"。[19]轻井泽是外国商人和传教士心中的圣地，吸引着西方人和中国人的驻足停留。这里是高原气候，即使是在最炎热的夏日，它也是个凉爽宜人的所在。[20]安德森觉得把这作为一个避暑之地再好不过了。于

是，他在万平酒店（Mampei Hotel）要了一间房，这是此处第一家参照西方标准建设的酒店。㉑安德森对轻井泽闻名遐迩的"硫磺浴"并不感兴趣，反而谴责这种方式"有点粗糙"㉒，他就爱这里的风景，正如他所言："这里山峦起伏，正是我所喜欢的。""你可以在山上欣赏风景，也可以到山谷闻花草香。"㉓一切都平静美好，一切都稀松平常，因为日本之旅早已成为安德森一年一度的仪式，不出意外，今年也没什么不同。

但是9月1日那一天，一切都变了。当地时间11时58分，本州岛发生了里氏7.9级大地震，这也是日本有史以来最严重的一次地震！震中有14万人丧生，东京和横滨也是受灾最严重的地区。如果安德森一直待在格兰酒店，那么他也不太可能活下来——3层楼全倒塌了，数百名客人和员工都命丧于此。㉔安德森非常幸运，就在地震发生的那一刻，他正坐在轻井泽的茶馆里。他描述了灾难发生后的几秒钟：

当地震发生时，我们在内陆也有震感，我当时正在一家茶馆里坐着，心里害怕极了，或者那就是恐慌。我被撞倒在地板上，不是地震，而是几个急于跑出去的美国人！在我的头着地之前，我看见他们从窗户跳了出去。㉕

在接下来的6天时间里，安德森一直待在万平酒店，形势不明朗之前可不能轻举妄动。没想到在9月6日，一波强烈的余震再次袭来。因此，安德森决定提前结束日本的假期。他准备乘火车前往神户附近的名古屋，希望在那能找到一艘回上海的船。于是，他想方设法想弄一张火车票，但车站已十分混乱：

火车上挤满了逃难和受伤的人。真是太拥挤了，以至于连门都打不开。人们只能把头伸向窗外，甚至车顶和踏板上都是人。我从未见过这样的场景。

我设法上了火车。他们非常乐于助人，有人让我踩在他们的背上，这样我就从窗户爬进去了。"我没有票！"我大喊道。他们对我笑了笑，回答说："谁又有呢？"

你知道我最后在哪里吗？我被挤进了厕所。这里已经有了两个人了，他们的状况似乎都不太好。我就在这个狭小的空间里站了6个小时。最后，我的膝盖已经完全肿了。而且，听到隔壁车厢里孩子的哭声，我的脑子已经麻木了。㉖

在路过途中的所有车站时，当地的人都在等待着，然后从门和窗向火车里传送水和水果。日本人的这种行为让安德森感到十分惊讶，他们不仅坚韧而且乐观："日本人是我见过的唯一在遭受灾难时面露微笑的人。"㉗

到了名古屋，安德森在一家酒店落脚之后，就马上在报纸上翻阅地震遇难者的名单，遗憾的是，他发现他几位老友的名字赫然在列。第二天一大早，他便动身前往神户，但由于情况紧急，他并没找到当地的旅店住下，只是一直和城里的一位朋友待在一起。直到5天之后，他才登上了一艘去往上海的船。㉘

当时，丹麦驻上海领事馆被告知日本大地震时安德森身在日本，他们立即通过电报发布了失踪人员报告，但是并没有得到回应。因为震后安德森并没有联系丹麦驻日使馆，以至于大家都认为，安德森可能已经遇难。而后，当安德森再次出现在上海领事馆时，还引发了一场不小的轰动。副领事雨果·赫尔格尔后来回忆道："安德森突然出现在办公室，比其他去日本的丹麦人都早，他看上去有些疲惫。"㉙

这个假期比安德森想象的要戏剧性得多。如果他没有离开横滨的酒店去往山里过夏，那么很可能他也已经在震中遇难了。尽管如此，但这并没有削弱他继续将日本视为避暑胜地的热情。正如数年之后，他这样谈道："这次经历并未能阻止我在接下来的两年里继续走访日本。"㉚

安德森退休生活的两大主题则是爱国和慈善。也许是出于同一种原因，即他永远回不到丹麦安顿下来，甚至他这辈子都再回不去他的祖国了。对丹麦重新燃起的念想，让他将注意力放在了如何用他的财富为故乡的人带去些什么的工作上，这成为了他生活的一个新的方向，然而，这和他曾经作为商人的日子大为不同，当时，市场份额和利润的最大化才是他的追求。

安德森原本的理想之地，是搬回到离他出生地不远的地方。[31]他在1925年搬入西爱咸斯路的新房子，那里逐渐被标志着他丹麦血统的纪念物和特产所填满。他前两次回丹麦时买的一幅画就挂在墙上。[32]他还收藏了不少丹麦经典老歌专辑。[33]

图10-2 安德森的新宅，位于西爱咸斯路

他的桌子上摆满了来自丹麦的信和他正在写的回信，他经常翻阅一本英丹词典，他希望能够找到最贴切的词来表达自己的想法。[34]在他的回信中，丹麦式的表达随处可见。这也意味着，对安德森而言，即使是在中国生活了半个多世纪，他仍能流利地使用母语。

退休之后，安德森成了上海丹麦群体的活跃分子。该社区大约有400人。㉟1922年，安德森以一名商人之成就被授予了丹麦国旗勋章，这一下子让他声名鹊起。㊱总之，20世纪20年代中期，安德森在上海丹麦群体中已经成为一个红人，广受尊敬。他也经常作为重要的嘉宾出席一些官方活动。1924年10月，丹麦驻上海前总领事休斯劳（Theodor Raaschou）去世，他就是八位扶柩者之一。㊲

20世纪20年代初，安德森迅速地抛售了他在英美烟公司的一些股份。1921年3月，他总共持股455股，比前一年减少了近一半。㊳或许，这正是他从长期规划自己财富所做的努力。在1919年之前，他似乎就已经决定用他的钱财来确保他的遗产。㊴或许和他没有留下子嗣有关，这也持续困扰他。就像一位采访过安德森的记者描述的："有时，你能听到他的感叹，他的人生什么也没留下。他每每看到周围的朋友都已经结婚生子，这种想法就更强烈了。"㊵

所以，那年年底，他向他的纽约摩尔斯莱公司发出请求，要购买2万美元的瑞典政府债券，以及购买等额的哥本哈根市政府债券。㊶他进一步要求将这些债券邮寄到上海。他在给该公司的信中写道："它们最终将成为我遗产的一部分。我的遗产会留在中国，所以我希望在这里安置和管理它们。"㊷为了让安德森满意，这笔交易一直到1919年12月才完成。㊸

安德森在1920年上半叶就写下了他的遗嘱，他希望将他的钱用于慈善事业，其中的一个受益者就是上海的一家市立医院，然而，正如安德森对一位记者解释的那样，这家医院最后什么也没有得到：

> 有一天，一个愚蠢的中国警察走过来叨扰我，给我的车开了3美元的罚单。那家伙还说我没有遵照他的指令把车停下来了。你看，中国人现在可以感谢这个愚蠢的家伙，正因为他，我便把市立医院从我的意愿中给剔除了。㊹

然而，这样一个小插曲也表明，安德森实际上并未打算把他的财产主要花在中国，而是他的祖国丹麦。其实，在他人生的最后几年里，他在一直思考着如何用他的财富去造福他的祖国。⑮他向瓦尔德玛王子和玛丽公主基金会捐款，希望为那些没有子嗣照顾的老水手们建造稳定的家园。当然，这在他的慈善事业中是不值一提的。后来，他突然有机会送一份具有历史意义的礼物给祖国——他小时候经常参观的丹麦国家博物馆（Denmark's National Museum）财政紧张。

丹麦国家博物馆很小，近几十年来新接受的藏品都放在王子宅邸，现在王子宅邸也被填满了。这些藏品接下来该怎么办？这是一个大问题。曾有人提出将它们搬到哥本哈根的其他城堡，如西特德尔城堡⑯、罗森堡宫⑰或者植物园⑱。而这些想法都没什么可操作性。1925年的5月，五位丹麦的名流：实业家安徒生、物理学家玻尔、哲学家哈拉尔·霍夫丁（Harald Hoffding）、极地探险家克努兹·拉斯穆森（Knud Rasmussen）以及语言学家威廉·汤姆森（Vilhelm Thomsen）发起了一场全国性的募捐活动，为博物馆的彻底翻修筹集资金。政府也承诺将支付与公共捐款等同的金额。⑲

作为捐赠活动的一部，远在上海的安德森在丹麦侨民中也发起了募捐，他也想为国家博物馆的困境出一分力。几年之后，他的朋友斯文·朗克杰（Svend Langkjær）在《政治日报》上写道："这件事立即激发了他的兴趣。当然，他也实在想不到还有什么更好的方式去处理他的财产了。"⑳

除了安德森的力量之外，当时的丹麦政府在上海也成立一个官方的募捐组织。安德森自然受到了朗克杰的邀请。"尽管他并不喜欢这种职责，但还是欣然同意了。"㉑领事后来回忆道。然而，资金并没有什么起色，正如安德森本人后来谈道："我承诺了一定数额，而其他人也给出了一个稍小的数额。但可能是身在中国的丹麦人并不多，募捐的总数额并不像原先期待的那样大。虽然大家已经尽力了，但说实话，我对这个

结果挺失望的。"㊿因此,安德森决定再捐一笔。总领事朗克杰后来列出了一系列事件:

> 我记得很清楚,1925年的一天,安德森告诉我,他将捐出一笔钱。其实我也不知道他这话的意思,到底要捐多少呢?后来,我收到了200鹰洋,他真的履行了自己的承诺。
>
> 直到第二年,我在赛马场上遇到他的时候,他忽然告诉我,他要给国家博物馆捐上5万英镑。㊿

要想知道那一年到底发生了什么,就不得不提到一个人——前丹麦驻华公使欧森(James Frederik Oiesen),他和安德森一样,在中国度过了漫漫岁月。㊿欧森本人曾承诺捐出1 000丹麦克朗,但当他得知安德森最初只愿捐出200鹰洋——相当于400丹麦克朗的时候,他就想约安德森见面。他们在涌泉路和戈登路*口的大华饭店见面。欧森告诉安德森:"你不该只捐200块,你要捐就捐100万。""让整个丹麦成为你的继承人"㊿欧森的好友,作家卡纳·比克·格伦比齐(Karna Birk-Grønbech)记录了他们详细的会面过程:

> 国家博物馆募捐的呼声传到了世界各地,传到了旅居海外的丹麦人那里。当时住在上海的奥伊森承诺捐款500鹰洋。当他意识到自己的朋友安德森只捐了200鹰洋时,他就去见了他。并且奥伊森还指出,以安德森的财力,仅捐200鹰洋是说不过去的,况且,奥伊森的收入比他少得多,都认捐了500鹰洋。安德森是一位非常节俭的人,他考虑了一会儿,把这个数字提高到了500鹰洋,然而,奥伊森示意这还不够时,他又进一步增加到1 000鹰洋。但奥

---

* 涌泉路即今南京西路,戈登路即今江宁路。——编者注

第十章　赞助者（1922—1928） / 147

图 10-3　欧森像

伊森觉得这还相差甚远。最后，安德森痛苦地问道："那我到底该捐多少？""一百万。"奥斯答道。"一百万？"，安德森震惊地重复了一遍。一想到要送出去一百万鹰洋，他一下子陷入了思考。"你觉得我是洛克菲勒吗？"安德森带点讽刺地说道。但奥伊森了解他的朋友，他并没有放弃，直到他捐出了百万财富！[56]

当外交部将安德森的决定通知国家博物馆时，引发了博物馆馆长莫里兹·麦坎普朗（Mouritz Mackeprang）"震惊的喜悦"。[57]安德森的那 100 万克朗相当于 20 万捐赠者所捐的 225 万克朗的一半，这可能是确保博物馆项目继续推进的重要因素之一，也是最关键的一把马力！博物馆后来得知，安德森虽然是在奥伊森等人的劝说下才做的这个决定[58]，但或许正如博物馆的一位经理人所说的，最真实的原因可能并非如此。"当安德森还是一个充满好奇的孩子时，他就走进了这里，他看到了那么多

的与丹麦民族有关的藏品。我相信，是他儿时的记忆促使他最终决定呈送一个如此伟大的礼物。”(59)

安德森后来在给麦坎普朗的信中谈到了博物馆对他的意义。正是在那里，那个小男孩第一次看到了稻田的样子。安德森曾经这样写道：“从那以后，我的生活就多了许多稻田的画面，我的房子就建在一片老稻田之上。”(60)后来，在与林克的谈话中，安德森推心置腹地谈了谈这次捐款的动机：“几年前，有人提议说应该为这些国宝建一个新家，这座随时随地都会发生火灾的老建筑实在太危险了。我决定必须要为这项事业付诸实际行动……童年的记忆在推着我做些什么，我必须要还债。”(61)

安德森最初设想，国家博物馆应该在他的遗嘱中占据重要地位，也就是说，博物馆只能在他死后从他的遗产中受益。但是朗克杰等人劝他，这笔钱最好早点花掉。几年后，一位叫作劳布（Laub）的政府官员，同时担任捐赠委员会的管理人员，他说：“朗克杰在他的报告中说
192 过，安德森一开始就打算向国家博物馆捐赠，只不过要在他百年之后才会支付这笔钱。经过若干次谈话后，这件礼物变成了一份当下的礼物。因为安德森意识到这将有助于推动全国性捐赠的展开。”(62)

1926 年 5 月 28 日，安德森在一封信中正式宣布了他的捐赠行为。其中还详细说明了金额支付的实际条件：

> 丹麦政府和议会接受了我的捐赠项目。我承诺三个月内，这些资金将以现金或流动证券的方式到位。我将邀请丹麦驻上海总领事代表国家博物馆基金会做为见证人。本承诺文件自签字之时起生效，我将遵守承诺，受法律约束。(63)

大家都认为，丹麦议会将很快会通过一项修复国家博物馆的法规，并在安德森有生之年尽快启动项目。但这已无法实现。

为了确保资金能够转移到哥本哈根，安德森采取了许多积极的措施。1926年10月，安德森在给英美烟公司的信中就谈到了他打算出售一些公司的股权："今年秋天我将在哥本哈根支付一大笔钱，我将用这笔钱作为善款捐给我的国家，建立一座新的国家博物馆。所以，我想在伦敦出售认股权证，然后收益存到我的账户。等哥本哈根那边确定了明确的收款人，我再把这笔钱转走。"⑭

安德森的这份礼物让这位原本默默无闻的百万富翁突然之间变得闻名全国，几乎丹麦所有的报纸都在报道他的故事，都在传说着他人生的细节。有些报纸则胡编乱造："他自己可能从未见过国家博物馆，"《奥胡斯时报》（Aarhuus Stiftstidende）写道，与事实相反，"他可能也并不在意是否能够看到它，他理解这个项目背后的想法，他知道这是国家大事。"⑮

有一段时间，丹麦国内对安德森的承诺是否能够实现一直有顾虑。因为安德森曾在一次采访中透露："顺便说一句，我现在手头没钱，但是已经变卖了我的一些资产。"⑯一位负责筹款项目的高级官员在丹麦《社会民主报》（Social Demokraten）的采访中向公众保证："是这样的。5万英镑相当于91.85万克朗，将近100万，这当然无法以现金形式兑现。而且，安德森已在一份正式文件中承诺了这一捐赠行为，上海的总领事朗克杰早就把这份签名文件送交给了丹麦外交部。原件目前由（国家博物馆）基金的总经理C.C.克劳森（C. C. Clausen）保管。"⑰

安德森向国家博物馆的捐赠不仅使他一夜成名，而且还为他带来了不小的官方荣誉，例如他被授予丹麦一级国旗骑士勋章（1st Class of the Order of the Danneborg）。1926年9月25日，在丹麦克里斯蒂安十世国王56岁生日会上，丹麦驻上海总领事朗克杰将这一荣誉授予了安德森。会上，丹麦和中国代表均出席了仪式。⑱

然而，丹麦国内对这一事件鲜有报道，《国家日报》（Nationaltidende）的第六版对此略有提及。⑲其实，安德森本人对这种官方荣誉并不感兴趣，

图10-4 劳里茨·安德森与丹麦社区成员合影，20世纪20年代拍摄于上海

而且，他最初也不愿意接受：

> 我的第一反应当然是高兴，因为全国人民都在向我表示敬意，以感谢我的捐赠。但我转念一想，又觉得这不太妥当。想象一下，如果别人说我是花钱买了这个荣誉的呢？这太糟糕了！
> "不！"总领事反驳道，"我认为不会有人觉得一位77岁的老人要买一枚梅达尔！如果是一个年轻的商人，他可能为了树立自己的商人形象会出此下策，难免会招来一些非议。但安德森先生，您现在还需要做这种装点门面的事吗？"
> 这种说法确实使我安心了些。我不得不接受。如果是我50岁的时候，我可能会更感激一枚丹麦奖章，但是买一个……不，这也绝不会在我这儿发生的。[20]

对于祖国近来的认可，安德森私下可能感到非常自豪。在一封写给

图10-5 1926年9月25日,丹麦驻上海总领事朗克杰授予安德森丹麦一级国旗骑士勋章

欧森的信中，他非常感谢这位朋友给了他这个机会，劝说他提早给国家博物馆捐款："你一直是我的好朋友，现在，是你把我推到了最高级别，让我成为丹麦一级国旗骑士勋章的获得者。这是一个巨大的荣耀，谢谢您！"⑦

第十一章　死亡与遗产
（1928—　）

1927年中旬，劳里茨·安德森的健康状况开始不断恶化。但直到1928年3月，他的医生仍认为他并无大碍。①很快，医生的判断就被证明是错误的。在安德森最后的日子里，总领事斯文·朗克杰成为他的挚友。后来，他描述道："人老了便会出现各种各样的小问题，都是伴随他多年了。你可能知道，这些小毛病也不是太严重，但消耗了安德森的耐力。医生认为最要紧的是心脏附近的一个肿瘤。"②

在生命的最后一段时间里，安德森其实非常孤独。陪伴在他身边的大部分是他的中国仆人。鉴于他只能说基本的中文和仆人们有限的英语水平，他们只能用单音节词或简单的短语交流。③和他一起创业的那些老朋友们，绝大多数人要么已经去世了，要么在远离中国的地方定居了。1927年1月，安德森售出了他在英美烟公司的最后一批股份。至此，通过基金管理接触到的外在风险也随之结束。④

1927年秋，他在给他表弟的一封信中诉说了自己当时凄凉的晚景："谢谢你7月14日的来信以及对我生日的问候。没有人来看我，我独自一人在家默默地过完了生日。在这个国家当你慢慢变老，你就不会经常出去了。但这还好，我已经习惯了一个人待着了。"⑤

多年来，安德森一直对丹麦念念不忘；现在，这种渴望愈加强烈了。

图 11-1 20 世纪 20 年代，英美烟草公司生产的香烟包装

虽然现在回国是不可能的，但他的思乡之情却几乎要把他淹没了。这促使他恢复了与丹麦亲友的联系。他不仅会写信，还会寄一些小礼物。他与一位表兄通信时写道："几天前，我就收到了你 10 月 2 日的来信，我知道你已经收到茶了，你现在一定正在享用吧。"⑥

在西爱咸斯路 383 号的家中，安德森虽然少了很多与外界的联系，但却被家中那许许多多的纪念物包围着。这些珍贵的东西都是他人生旅程的见证，例如，一把来自中国紫禁城的古典扇子、一个朝鲜的箱子，还有日本的瓷器。此外，还有一只青铜花瓶。这个瓶子曾经摆在他南京路老晋隆洋行的办公室里，这应该是他们公司现存的最古老的财产了。⑦

安德森一直很喜欢看新闻，他一直关注着中国跌宕的政治发展。1925 年 9 月，安德森写道："当然，全世界都知道中国的不安与动乱，以及对外国人的敌意。"⑧这不仅仅是一位老人在争论一个世界的逝去。

第十一章 死亡与遗产（1928— ） / 155

图 11-2　劳里茨·安德森，摄于 1926 年

事实上对于当时身在中国的外国人来说，生活环境的确愈加危险。1924年12月，一名年轻的丹麦女性马伦·奥丽森（Maren Olesen）就在上海的家中被杀害了。⑨

17个月后，1927年4月，上海发生了更为血腥的事件。以蒋介石为首的国民党向他的前合伙人共产党摊牌了，大批共产党人惨遭杀害。安德森认为，这相当于一次"内战"。他在11月寄给丹麦亲友的信中描述了这次事件：

> 由于罢工，所有的生意都很糟糕，债券的价格也在下跌。对于大多数人来说，生活不像以前那么愉快了，抱怨也没有尽头，就像在这个大的国家里无休无止的内战一样——我们身在上海，其实已经有幸避免了很多战争了。然而，在3年的战乱之后，我们也应该得到一些和平了……天气还不错的时候，我会打理我的花园，或是牵着我的阿尔萨斯犬出去走走，这条狗来自汉堡，我买它是为了看守我的财物，鉴于今年我们已经看到的动荡局势。我会拿着剑和

手提箱躺在床上，这当然很不舒服。军队打仗所造成的危险现在已经过去了，但这个城市到处都是强盗和绑匪，没有哪一天不死几个人的。他们或是在家或是在街上就被杀了。警察和流氓的冲突也会导致很多无辜的人丧命于交火的流弹中。当然，如果不是必须要去市里办事，你最好待在家里。我就是这么做的。⑩

到了1928年3月，正如他的一位朋友在信中所说，安德森仍然能够用他"健壮的、年轻的手"写信。但中国的内部问题一直困扰着他："中国现在比以往还要动荡，但我希望内战结束后一切会好转起来。其实两个党都信奉布尔什维克和民主。"⑪

尽管安德森已经撤出了在上海的所有生意，但在他向国家博物馆捐款之后，又成为丹麦社区的主要领导成员之一。在往常拜访他的人中，有一位新任命的丹麦牧师：

> 牧师莫特森（Morthensen）来到上海，是为了帮助这里的丹麦人做洗礼和皈依。明天他将用丹麦语为一座教堂举行落成仪式。他曾多次来拜访过我。有一次，他请我去参加他的布道，然后和他以及他的妻子（一位可敬的丹麦女性）共进午餐。总领事和他的妻子也将一起出席。这是一个日常的丹麦聚会。⑫

后来，在卧床不起期间，安德森收到了许多关于国家博物馆工作的最新消息。1928年3月22日，丹麦议会下议院以112票赞成、17票反对通过有国家博物馆翻修的法案。⑬9天之后，上院以43票赞成、6票反对通过了该法案。⑭安德森在4月初听说了这一消息。据朗克杰说，这是"他生命中最后一次感受到巨大的快乐"⑮。

现存的最后一封以安德森之名所写的信并不是出自安德森本人之手，而是朗克杰代笔的。这封信是1928年4月13日，写给安德森的表弟安德斯·V.简森（Anders V. Jensen）：

你的亲人劳里茨·安德森先生请我代他给你写几句话，以答复你3月23日的来信，因为他本人已因病无法回信。

安德森先生在过去的一年里一直身体不适，大约一个月来他都一直卧床不起，他的肾脏出了问题。8月6日就是他79岁生日了。我们担心他熬不到那个时候了。

收到你的信，他非常高兴，在他尝试着读而未果的时候，我就大声读给他听。他大多时候在想着丹麦，想着丹麦的故乡和亲人。幸好，他在几十年前又联系上了你们，这是给他今生最大的安慰。他让我转达他对你和家人的问候——也许这是他最后的问候了。

此外，他让我答应他，今年夏天我回丹麦的时候一定要去拜访你，告诉你他在人生最后阶段的一些情况。我当然愿意并很乐意去实现他这个愿望。我多想在我见到你的时候，能告诉你安德森已经康复了。但照目前的情况来看，可能很难。

安德森先生已经得知国家博物馆的方案现在终于审批通过了，这给他带来了无比的喜悦，因为这项事业也是他的心声。[16]

这封信是很明确的：安德森已走向了人生的终点，他的日子已然不多了。两周之前，他的私人医生以及另一位前来诊断的医生一同宣布了他现在的情况已是"希望渺茫"了。[17]现在，所剩时日真的不多了。当朗克杰在给安德森表弟的信上签上名字的时候，病人已经只剩下两天的时间了。

1928年4月15日星期日上午11时15分，劳里茨·安德森在家中去世。[18]他的医生E.L.马什（E.L. Marsh）在死亡证明上写道："主要死因为'衰老'，次要原因为前列腺肥大、膀胱炎和肾积水。"[19]

恰巧，总领事朗杰克也在这天上午的早些时候来看望了安德森，也

图 11-3　20 世纪 20 年代，英美烟公司在中国投放气球广告

图 11-4　20 世纪 20 年代，吸烟的中国女人

许是看情况不妙，他留了下来。[20] 所以，安德森离世的时候，朗克杰、安德森的中国仆人和一位护士都在场。朗克杰在给一位朋友的信中写道："当时他说不了话，但我认为他直到生命最后的一刻都是清醒着的。他离开的时候很安详，这也是我感到最欣慰的。"[21] 在另一封给欧森的信中，郎克杰用了类似的话："他在生病期间遭受了不少痛苦，但死亡本身来得很平静。"[22] 安德森死后，也是朗克杰合上了他的眼睛。[23]

安德森去世的消息在随后的几个小时和几天里传到了丹麦和世界各地。在瓦尔德玛王子和玛丽公主基金会的办公室里，基金会经理亚历克斯·拉森（Alex Larsen）在一封信中谈道，基金会近几年从安德森的慷慨中获益匪浅。他接着说："两个多星期前，我们收到了安德森寄来的一封长长的非常友好的亲笔信。我即刻就回信了，根据他的意愿，我向瓦尔德玛王子转达了他的问候。"[24]

丹麦的国内媒体纷纷赞扬他的爱国态度。《哥本哈根日报》（København）写道："他是一个彻头彻尾的丹麦人。当这位白发巨人唱起丹麦老歌时，他的眼眶湿润。在丹麦，我们会记住他，他是我们国家忠实的儿子。"[25]《政治报》（Politiken）称："这位勤勤恳恳、富有抱负、脚踏实地的老人，早年就已经离开了他的祖国。而今，他远在他乡，带着辉煌，却仍满怀憧憬地驻足回望他的祖国。"[26]

遗憾的是，安德森没有等到国家博物馆建设的立法就离世了。造化弄人，就在 4 月 16 日，也就是安德森去世后的第二天，博物馆建设如愿被立法了。[27] "他没能看到他慷慨资助的国家博物馆重生就去世了。"[28]《政治报》写道。《哥本哈根日报》也发出了类似的声音："我们沉痛得知国家博物馆赞助人在他第二个故乡离世，他没能见证新的国家博物馆的诞生。"[29]

安德森的葬礼于 4 月 1 日在上海法租界八仙桥公墓*的丹麦教堂

---

* 八仙桥公墓于 1958 年迁葬后改建为今淮海公园。——编者注

举行。丹麦领事馆成员和安德森生前的友人计划在教堂附近的一块地方安葬他，尽管严格来说，公墓的位置已满，也没有新的墓地了。朗克杰致悼词，主要是肯定了安德森对国家博物馆的贡献，把他的人生称作"传奇"。㉚

图 11-5　1929 年 8 月，建筑师乔治·亨利·庞森（Georg Henry Ponsaing，左）在丹麦国家博物馆扩建场地工作

就在安德森去世几个月之后，丹麦再次有人猜测，安德森给国家博物馆的捐赠可能无法兑现了。因为，1928 年 8 月，国民政府宣布，于 1929 年 1 月 1 日之前废除清政府与西方各国政府之间达成的所有"不平等条约"，包括 1863 年与丹麦签订的条约。㉛《政治日报》在获悉这一消息之后报道说："在关于条约终止之后会产生何种后果的争论中，有人担心已故丹麦商人劳里茨·安德森的财产会被中国政府没收，包括安德森向国家博物馆所捐赠的百万克朗。"当然，该报也引用了外交部法律部门负责人奥托·法斯特德（Otto Wadsted）的话，向公众保证这笔

钱是安全的:"这100万早就被转移出来了,因此无论发生什么情况,它们都不会有问题。"㉜

在随后的几年里,安德森曾多次被纪念——例如,1931年以他之名创立的基金会首次捐赠之时,还有1949年在他百年诞辰之际。然而,他传记中的许多细节已被遗忘,作者们经常在缺乏真实认识的情况下去想象他的性格。例如,1949年8月,《哥本哈根日报》曾这样写到:"他根本不喜欢赛马或赌博,赛马或赌博仅仅是白人在中国的一种消遣方式。他也不喜欢读书,他的阅读量很少,只是出于实际需要才去读一些书。"㉝

1938年5月,丹麦国家博物馆翻修与扩建落成之际,一场隆重的安德森纪念活动随之而来。几家报纸指出,如果没有劳里茨·安德森的捐赠(占公众捐赠近一半),新的博物馆可能永远都不会实现。朗克杰在仪式上对《政治日报》说:

> 当然,你不会见到每天有一百万掉在你怀里。因此,我们会尤为关注这笔捐款,尤其是这个捐赠人是一个寂寂无名的人。他出身贫穷,早年移民国外,并通过自己的勤恳在远东逐渐崛起。
>
> 然而,重要的是,劳里茨·安德森的捐赠对国家博物馆未来的发展关系重大,甚至是决定性的。这笔钱是在募捐活动即将结束之时被认捐的。我还记得,当时那些承载着国家博物馆命运的公众情绪一下子就被点燃了,人们得到了极大的鼓舞、充满了激情!因此,毫无疑问,这项国家事业必须坚持到底,不能拖延。我们必须在这个星期五(在1938年5月20日),在新的国家博物馆揭幕式上记住这一点。㉞

后　　记

在劳里茨·安德森去世近百年之后，那些曾经见过他的人几乎也都去世了。尽管如此，来自三大洲的书信材料仍显露出了关于他的为人的重要线索。安德森80年的人生变化不断、跌宕起伏，但总有些东西始终未变。笔者在下文将试着勾勒出问题的答案：为什么他会有这样的人生轨迹，他又如何成为一名商人和企业家。

首先，安德森的体型十分引人注目，导致他无论身在何处都能在人群中脱颖而出。他自己也很清楚这一点。有一次，他在给裁缝的一封信中就抱怨他订的衬衫太小了："我的手臂太长了。"① 在给杰夫里斯的信中，他认为中国人倾向于以胖为美："你知道，中国人似乎认为胖一点才会更美。所以，你来中国，一定会很受欢迎。"② 由于他身材魁梧，人们对他的关注显然让他感到受宠若惊。安德森不同寻常的身材也意味着他去世之后，他衣橱里的衣服，也很难找到合适的人来接手。"由于安德森先生身材高大，非常结实，因此，恐怕很难找到不经裁缝修改就能穿下这些衣服的人。"③

安德森庞大的身躯似乎并没有给他造成任何健康问题。即使是在他30多岁的时候，就有医生警告他"当心你心脏周围的脂肪"。然而，他却从未因此遭受过什么并发症。毫无疑问，在20世纪之交的中国社会里，他在这个国家生活得安然无恙主要得益于他的健康状态。当时之

图 12-1 劳里茨·安德森在上海的墓地。该遗址年久变迁

中国，流行病反复肆虐，各个时期都有人遭殃。或者用丹麦外交官雨果·赫尔格尔的话来说：

> 他那一代旅居中国的人中，很多都在数年、数十年前因病去世了。他们有的在各自的国家退了休，或是年事已高；有的在上海经历了霍乱、伤寒，或是因为一场失败的肝脏手术而被夺去生命，就在一天之内又被草草地安葬在静安寺公墓*；有的就算幸免于流行病，也可能在苏伊士运河的船上遭遇中风。相比之下，安德森却能保持健康的身心到晚年，可能正是因为他天生健壮，且过着节制的生活。这也意味着，除了最后几年的小病，他从未患过什么大病。④

勤俭节约是安德森那一代人最看中的品质。所以，后来即使安德森富有了，他买东西的时候还是会有意识地选择便宜一点的产品。在1915年3月的一封信中，他告诉一位朋友他更喜欢牙买加的雪茄。"与哈瓦那的雪茄相比，牙买加的更为便宜，几乎和最好的马尼拉雪茄一样便宜。"⑤在某些情况下，节俭本身可以成为一种信念：

> 安德森在上海建了座舒适的大房子，但只有他自己住在那儿，所以只启用了两个房间。他还想为自己的花园寻得一些花草的种子。但是当他听到园丁的报价时，他决定为了节约成本有必要亲自跑一趟。他凌晨2点就起床了，走到了很远的乡下，他从农民那里得到了他想要的幼苗，并且完全免费。剩下的就要看安德森的体力了，因为他必须自己把这些幼苗背回城里。⑥

在国外旅行时，安德森也很节约。在他1915年的美国之行中，他

---

* 静安寺公墓即今静安公园。——编者注

较为满意的是世界博览会的召开并没有哄抬物价,他所住的旅店价格还是很实惠的。但是这座城市的观光费、门票费却要贵得多了。⑦

他的"苦行"之风也影响了他周围的许多人,至少老晋隆洋行的员工不止一次地感受到过这一点。例如,他的一位同事同意给一个员工加薪,随后安德森就斥责了他——安德森认为加薪并不能让他的表现有任何的提升。⑧安德森的许多逸事都足以说明他的"苦行"甚至是吝啬;但鉴于他对国家博物馆的巨大慷慨,又不免让人觉得有些矛盾。例如,《丹麦人逸事》中有段关于安德森的记载如下:

> 在安德森捐赠了100万克朗的某日之后的一天,他来到了纽约的一个街角去拜访他的朋友——前丹麦驻华大使欧森。他想买一份报纸,但没有恰好的零钱,于是他就等着找零。
>
> 报贩就故意拖延着时间——或许他觉得眼前这个人看起来就是那种会把剩下的给他当作小费的富人。所以,他在口袋里漫无目的地搜寻,找到了一分钱,又在另一个口袋里去摸来摸去。当他这样做时,安德森就站在他面前,伸着一只手等待着。
>
> 这个拐角处的风很大,安德森和奥伊森都是上了年纪的人,况且他们还是真正的绅士呢!于是奥伊森就不耐烦地喊道:"走吧,安德森!我们正在消耗生命!"
>
> "不,"安德森答道,"我不会多付给他钱的,绝对不会!"香烟大王就杵在那儿,伸着手,直到他拿到他的那最后一分钱。⑨

尽管安德森不愿意花不必要的钱,但也会大手笔地去买奢侈品,这又有些矛盾。1906年春,他帮助一位朋友买了一件昂贵的玉器,并且自己也经不住诱惑了。就如他回忆道:"我非常喜欢这个东西,我给自己也买了一个。我把他送到了旧金山,并镶上了钻石。"⑩

与节俭相伴的安德森,也因勤奋而闻名。日常的工作占据了他的整个生活。1916 年 9 月，安德森写给唐默斯的一封信实际上是一封私人的问候信，但终究还是谈到了生意："我希望你不要介意，反正我帮不了你。但我对我的工作真是欲罢不能，我觉得这就是我身体的一部分了，我无法摆脱。"⑪

安德森是一位天才企业家，他一直都在寻找新的生意契机。1916 年，他买了第一辆汽车后不久就发现，上海的熟人圈子里对汽车的需求日益增长。他对市场需求非常敏锐，并把这个发现及时报告给了在美国的英美烟公司总部："现在，这里的一些汽车服务公司宣布他们就是别克的独家代理，请问我们是否能拿到现有价格八折的汽车？我们可以试着卖一卖。如果现在有车的话，我就能卖掉两辆。"⑫

安德森说过，在他走过的所有国家中，他最钦佩的是美国，并称它为"极富创业精神的国家"。例如，纽约一个朋友的公司被烧毁了，他写了一封信安慰他："你们美国人有足够的资源重新开始，也许你手头的订单并不会延误太多。"⑬

安德森为人勤奋的另一个重要表现就是终身痴迷于学习。随着年龄的增长，越来越表现在对阅读的渴求。即使年事已高，他也有十分敏捷的头脑且随时准备重新评估过去的信念。如果他接触到的材料鼓励他那样做。正如他 1919 年威尔逊持续从美国给他寄书的信中谈道：

> 你给我寄来的所有的书，都教会我如何洞察他人的思想和如何看待生活。阅读你寄来的书已成为一个我最重要的学习方式。通过阅读，我时常会反思自己，甚至是改变自己先前的价值观和世界观。我的快乐和进步都是你带来的，所以，我真要谢谢你。⑭

安德森喜爱阅读不假，但他也确实不太喜欢写作。在他的信中，他一再地表示他讨厌写信。事实上，有可能在很多时候，他是通过口述来规避写信这个问题。例如，在他的一封用丹麦语写成的信中，就包含了

图12-2 劳里茨·安德森（前排左二）与上海的丹麦居民在一起。右二是丹麦驻上海总领事朗克杰。该照片可能就是拍摄于劳里茨·安德森获得丹麦一等国旗骑士勋章的当日，1926年9月25日

许多拼写错误——显然，一个以丹麦语为母语的人不可能会犯这样的错误。⑮

勤奋和求知欲是一位商人的重要品质，同样，谈判的技巧与原则也应如此。而这些在安德森身上都具备。在天津和上海工作时期，安德森经常参与中外人士的谈判。虽然现有的书面材料没有明确记录这一点，但我们知道，为了保持谈判的灵活性，现场记录并不会把每个人说的话都记录在册。

然而，在现有的资料中确实也可以找到蛛丝马迹验证这一点。例如，1906年春，英国贸易公司宝顺洋行把土地卖给英美烟公司的时候，

就是安德森参与谈判的。那次,当交易即将达成之时,宝顺洋行突然变卦说要涨价,否则就取消交易。但他们忽略了一点,安德森是一位资深的桥牌玩家。于是,他决定坚定立场,在与宝顺洋行的一位代表会面时表示,英美烟公司拒绝重新议价。"我绝对不会比先前的价格多给你一分钱,我只考虑我们先前所商定的。虽然他(那位代表)说要拍电报给伦敦。但(我告诉他)在星期一之前威利先生是不会回来的,他只会通过信件来确定这笔交易。"[16]

再如,1916 年 5 月,安德森给上海法租界公董局写了一封信,要求对方应该正确评估他的财产,并要求自己那些闲置土地,例如不能归纳到道路网中的那些土地,应该给以低税率的优惠。他说:"虽然只有几美分的差异,但从原则上说,这个差别化对待是十分有必要的。"[17]

安德森同样是一位强硬的债权人。他在 1919 年 3 月一封收回旧贷款的信中写道:"我很惊讶今天你只付给我 2 000 美元,而我期待的是这个数的 20 倍。请你尽快再给我寄一张支票,我必须要催着你完成这件事。"[18] 最终,安德森毅然出售了债务人作为抵押的证券来回收自己的本钱。[19]

安德森还是一位严厉的批评者。1906 年,他在读了一篇文章之后就有过这样的批评:"我满怀兴趣地读了《大美晚报》(Evening Post)上的节选,这篇文章的作者简直是个傻瓜!他也叫安德森,是美国在厦门的领事,我认识他有一段时间了。他整天写一些关于中国人的无聊的东西,还将其作为领事报告寄回美国,美其名曰'教美国人如何与中国商人做买卖'。殊不知这些全都是误导。美国的制造业应该如何与外国进行贸易,完全可以参照罗斯福先生在巴西做领事时的做法,那才是金科玉律。"[20]

然而,安德森的批评往往又是隐晦的,用现在的话说就是"消极抵抗"。例如,他与一位前同事产生激烈的冲突之后,在信中这样写:"不管怎么说,我都是很喜欢你的,古德西(Godsey)先生。尽管你的信写得糟糕透顶了，但我还是喜欢你。希望你能找到一份前途无量的好工作！"[21]

虽然安德森在日常生活中所接触的新技术并不多，但他却对技术有着浓厚的兴趣，其中就包括那些促进日常生活更加轻松方便的技术。当然，他也并非是不加考虑地去拥抱所有新技术的狂热分子。例如，1916年，他只是经过短时间的利弊权衡就决定买入一辆别克汽车。再如，他在锻炼身体的时候会用计步器，但有一次这个东西突然坏了，他还打趣地说："当它拿去修理的时候，我就没有走多少路了。如此看来，又是什么克服了人类的懒惰呢？"[22]

在安德森看来，我们并不是"为了新技术"而"使用新技术"。它必须有目的。1919年，当唐默斯建议安德森及其他几位商业友人可以通过电报了解纽约证券交易所的趋势时，他拒绝了。拒绝的理由正如他对纽约证券交易所的经纪人所说的那样："我的那笔生意，量太小了，根本不值这个费用。"[23]

安德森的慷慨不仅表现在向国家博物馆的捐赠上，而且还表现在他长年累月的小额捐赠中。比如，他曾答应广济医院和广济医学院的梅藤更先生，他要捐出一笔钱："正如你所说，当今慈善捐赠的呼声越来越高，而且每天都在增加。而您的事业应该得到认可和支持，所以，请接受我这张小小的支票，作为我对您的支持。"[24]此外，安德森为了家乡的慈善事业，每年还会在圣诞节期间寄一笔钱回丹麦，他曾和哥本哈根郊区赫勒乌普（Hellerup）的一位朋友达成协议，要求他监督并确保这笔钱的合理使用。[25]

安德森不仅关心他的老朋友们，同样他还关心他朋友的亲人们。1919年5月，他给老朋友威尔逊写信时提到威尔逊的女儿是一名邮票收藏达人，希望购买亚洲的邮票的事："为你的小女儿去买一些像样的邮票对我来说真是一件难事儿。我让我们信件部的姑娘帮我收集了一些，但我发现这儿真的没什么有价值的邮票。另外，朝鲜是没有邮票的，因为它已经被日本人侵占多年，或许只能找到一些老式邮票了。"[26]

然而，安德森对老友的忠实情谊并不意味着他会为了朋友的利益而去武断冒险。1907年1月，他在给路易斯·穆斯塔德的信中谈道：

> 老福布斯[27]状态不是很好，他已经解雇了他所有的员工。目前，他的生意已经掌握在他的债权人手上。今年年初，他像往常一样来找我和查理借钱，他要借很多钱，但我们不得不拒绝他。我告诉他，我不是银行家，我也处于一个最艰难的时期，因为我要保住自己的工作，我也不希望日后丢了自己的工作。当然，我也不想看到任何一个人饥寒交迫，我更鄙视那些让他倾家荡产的银行家和债权人。[28]

在安德森的一生中，恋爱从来不是他生活的主角；他的生活被忙碌霸占。1926年9月，他告诉记者林克他如何度过闲暇时间，他过去常开车兜风，他说：

> "我经常来法国总会，我喜欢坐在这儿，听听音乐。这是欧洲歌剧很好的一个替代品，我喜欢看女人，她们多么甜美动人啊！"
>
> "哦，那么，你是不是不反对所谓的'弱势性别'的称呼。"我问这个老单身汉。
>
> "不，当然不！"安德森强调。他边说边将目光瞥向了一位恰巧从我们身边走过的年轻女孩。我们就一起坐在这家法国总会屋顶的走廊上……
>
> "当然不是这样！她很可爱，不是吗？"[29]

又一次，安德森说他从来没有时间恋爱。因为那会"偷走一个商人的时间"。然而，在他年轻的时候这就不同了，那时候他不会这么忙，但是少年的烦恼却是——"那时，我恋爱了，但是却没有钱结婚！"[30]

致　　谢

本书的出版得益于诸多师友的帮助，其中包括：香港大学的波特·贝克（Bert Becker）、英国布里斯托大学的毕可思（Robert Bickers）、美国康奈尔大学的高家龙（Sherman Cochran）、英国伍斯特大学的霍华德·考克斯（Howard Cox）、香港大学的彼得·库尼奇（Peter Cunich）、香港大学的戴伟思（Stephen Davies）、日本国际基督教大学（东京）的罗伯特·埃斯金德森（Robert Eskildsen）；上海社会科学院的马驰、海峡群岛家族历史学会的帕姆·菲尔普斯（Pam Phelps）以及前丹麦驻上海和广州的领事曹伯义（Carsten Boyer Thøgersen）。

在此，我还要特别感谢丹麦哥本哈根大学跨文化与宗教研究系约恩·德尔曼（Jørgen Delman）教授，本书写作的全过程，从前期的准备与研究到最后的成书，都离不开他的帮助和鼓励。最后，自不必说，本人将对此书的全部内容负责。

何铭生（Peter Harmsen）

注　　释

第一章　童年和青少年（1849—1870）

①Tikøb kirkebog（Hovedministerialbog）1844 – 1851, p.72.乔根·安德森和阿尼·凯瑟琳·乔根斯达特的年龄与背景均参考：Kirke Stillinge Kirkebog, 1814 – 1830, p.9; Tikøb kirkebog, 1812 – 1825, p.150。

②乔根·安德森和阿尼·凯瑟琳·乔根达斯特的年龄与背景均参考：Kirke Stillinge Kirkebog, 1814 – 1830, p.9; Tikøb kirkebog, 1812 – 1825, p.150。

③Tikøb kirkebog（Hovedministerialbog）1844 – 1851, p.72.乔根·安德森和阿尼·凯瑟琳·乔根达斯特的年龄与背景均参考：Kirke Stillinge Kirkebog, 1814 – 1830, p.9; Tikøb kirkebog, 1812 – 1825, p.150。

④尽管他在这里生活只有一年，但仍心系之，当他被邀请为赫尔辛格建城 500 周年纪念会捐款时，他随即就捐了 500 英镑。引自劳里茨·安德森致维克托·萨尔比泽（Victor Thalbitzer）的信，1926 年 3 月，i2 – 2035，上海。（丹麦国家档案馆）

⑤在林克关于劳里茨·安德森的书中有这样一段文字："jeg kommer der inte!" Olaf Linck, *En Dansker i Østen: Laurits Andersen's Livs Eventyr*（《一位身在东方的丹麦人：劳里茨·安德森一生的传奇故事》）（København: Gyldendalske Boghhandel, 1927），p.18。在丹麦语中，"inte"应为"ikke"，是西兰岛西北部的方言发音：*Ordbog over det danske sprog*, vol.9, 1927。

⑥H.E. Glahn, *Mindeord om Laurits Andersen*（København: Laurits Andersen Fond, 1949），p.7.

⑦引自劳里茨·安德森致维克托·萨尔比泽的信，日期 1926 年 3 月，i2 – 2035，上海。（丹麦国家档案馆）

⑧ Tikøb Folketælling, 1850, p.35.

⑨ Tikøb Folketælling, 1850, p.35.

⑩ Glahn, Mindeord, p.7; Kirke Stillinge Kirkebog (Hovedministerialbog) 1814 – 1830.

⑪ Kirke Stillinge Kirkebog (Kontraministerialbog) 1814 – 1830, p.5.

⑫ Kirke Stillinge Kirkebog (Kontraministerialbog) 1814 – 1830, p.9.

⑬ Kirke Stillinge Kirkebog (Kontraministerialbog) 1814 – 1830, p.216.

⑭ Kirke Stillinge Folketælling, 1834, p.180; Kirke Stillinge Folketælling, 1845, p.322; 1831 年在他坚振礼之时, 延斯·安德森的家乡就已经被划入基克斯蒂灵厄教区, 与其母亲不同, 她的教区仍属于彼尔德索——Kirke Stillinge Kirkebog (Kontraministerialbog) 1814 – 1830, p.196. 但可以明确的是, 延斯·安德森在其坚振礼之前就已经离开了家, 但从现有材料来看, 我们无法确定他是否是在其父亲去世之前就已经离开了家。笔者则猜测他是在其父亲去世之后离开的, 毕竟, 如果在先离开, 很可能会影响他父亲的身体健康。

⑮ 与他的哥哥相反, 乔根·安德森是 1832 年在彼尔德索受坚振礼——Kirke Stillinge Kirkebog (Kontraministerialbog) 1814 – 1830, p.196。而在 1834 年的人口普查中, 他则记录在彼得·汉斯的住宅内——Kirke Stillinge Folketælling, 1834, p.180。因此, 他一定是在 1832 年至 1834 年搬过去的。

⑯ 乔根·安德森是以基克斯蒂灵厄地区之名注册的, 1836 年, 驻扎在苏索乡的 48 号, 后又在 1839 年变更为韦默莱乌的 57 号——Lægdsrulle, Sorø amt 1836, lægd 29 til 56, p.282; Lægdsrulle, Sorø amt 1839, lægd 57 til 84, p.18。他在 57 号一直住到 1850 年, 直到那时他因伤退伍——Lægdsrulle, Sorø amt 1850, lægd 45 til 89, p.159。

⑰ Glahn, Mindeord, p.7.或许, 乔根·安德森与这座城市的关系打动了劳里茨·安德森, 当他在半个世纪之后他将自己在上海的房子称为"赫尔辛格"。

⑱ Skt. Olai sogn kirkebog (Kontraministerialbog) 1835 – 1848, p.98; Glahn, Mindeord, p.7; Tikøb Folketælling, 1850, p.35.

⑲ Hans Henrik Jacobsen, *"Fast i Nød": Fynske Livregiment 1614 – 1964* (Odense: Fynske Livregiment, 1964), p.260. 该部队与后来的 Fynske Livregiment 部队为同一部队。

⑳ Jens Johansen, *Fortællinger af 4. Bataillons Krigshistorie 1614 – 1914* (København: Krigsministeriet, 1914), 71.

㉑ Johansen, *Fortællinger*, p.71.

㉒ Generalstaben, *Den dansk-tydske Krig i Aarene 1848 – 50*, 3. del: Krigen i 1850, 2.

afsnit I, Bilag (Kobenhavn: J.H. Schultz's Bogtrykkeri, 1882), p.99.

㉓ Generalstaben, *Den dansk-tydske Krig*, 3. del: Krigen i 1850, 2. afsnit I, Bilag, p.118. Om bataljonens rolle i slaget, se Jacobsen, "*Fast i Nød*", p.164.

㉔ Generalstaben, *Den dansk-tydske Krig*, 3. del: Krigen i 1850, 2. afsnit I, p.688.

㉕ Linck, *Dansker*, p.23.

㉖ 劳里茨·安德森于1863年受坚振礼就是这个地址,参见 Garnisons Kirkes Kirkebog, 1863。甚至,与今天的新港33号仍可能是同一栋建筑,因为自从1859年以来那个号码就没变过。教区登记册上的地址可能指的是土地登记册上的号码,但似乎也不大可能,因为,如果是这样的话,那么这一家人的住址就应该是在新港65号的大楼里。参见:Bjørn Westerbeek Dahl, *Københavnske Jævnførelsesregistre 1689 – 2008* (Kobenhavn: www.Kobenhavnshistorie.dk, 2010)。

㉗ Svend Langkjær, "Laurits Andersens Levnedsforløb", Politiken, den 6. marts 1931; Linck *Dansker*, p.24.

㉘ Linck, *Dansker*, p.24.

㉙ Linck, *Dansker*, p.24.

㉚ Garnisons Kirkes Kirkebog (Hovedministerialbog), 1856.

㉛ 安德森去世之后,他的侄子写信给遗嘱执行人,说他现在想尽快收到这枚"子弹"。引自艾格·艾格纳·安德森(Aage Ejnar Andersen)致多尔戈鲁科夫(I. Dolgorouckoff)的信,1928年8月,丹麦国家档案馆。

㉜ Glahn, *Mindeord*, p.9.

㉝ Linck, *Dansker*, p.23.安德森去世之后,子弹可能被送到了他的侄子艾格·艾格纳·安德森处,参见 Glahn, *Mindeord*, p.9。后来,子弹很可能丢失了。1940年6月,当艾格在德国占领的泽西岛去世之后,他的简短的遗嘱中并没有提及子弹;引自 Pam Phelps, Channel Islands Family History Society, June 3, 2017。后来,在艾格的儿子哈杰玛·艾格纳·爱德华·安德森(Hjalmar Ejnar Edward Andersen)在其1980年去世之前整理其物品时,也没有提及子弹,参见:Will, Royal Court of Jersey, 26 December 1980。

㉞ Jacobsen, "*Fast i Nød*", p.259.

㉟ Glahn, *Mindeord*, p.9.

㊱ Eiler Morthensen, *Træk fra mit liv og tjeneste* (Skjern: Eget forlag, 1947), p.69.

㊲ C.F.Bricka, *Dansk Biografisk Lexikon*, 8. bind (København: Gyldendalske Boghandels Forlag, 1887 – 1905), p.337.

㊳ Linck, *Dansker*, p.29.

㊴ Linck, *Dansker*, pp.28 – 29.

㊵ Morthensen, *Træk*, p.69.

㊶ Linck, *Dansker*, p.13.

㊷ Historieportalen fynshistorie. dk https://fynhistorie.dis-danmark.dk/node/14264.

㊸ Census 1880, Øster kvarter, København.

㊹ Linck, *Dansker*, p.28.

㊺ 延斯·安德森于19世纪30年代末与多特·彼德斯达特（Dorthe Pedersdatter）结婚，尽管她有这样一个名字，但她可能并不是彼得·汉斯的女儿，因为在结婚之前，她并未被列入家庭成员，并且在1845年的人口普查中，她的出生地是邻近的黑尼格（Hejninge）教区，参见：Kirke Stillinge Folketælling, 1845, p.322。

㊻ Linck, *Dansker*, p.24.

㊼ Linck, *Dansker*, p.24.

㊽ Claus Laurits Andersen, *Claus Laurits Andersens Selvbiografi* [《劳里茨·安德森自传》]（København: Ordenskapitlet 1921）, p.1. 关于布莱德（Blædel），参见：Brica, *Lexikon*, 2.bind, pp.450 – 452.

㊾ Morthensen, *Træk*, p.69.这不太可能会实现，因为这本书后来在安德森上海的家中被盗了，见：Linck, *Dansker*, p.114。

㊿ Andersen, *Selvbiografi*, p. 1. Linck, *Dansker*, p. 24; J. G. A. Eickhoff A/S, Lønningsbog, 1857 – 1863. Erhvervsarkivet 01024 J.G.A.Eickhoff A/S.

(51) *J. G. A. Eickhoff Maskinfabrik Kobenhavn V*（København: Nordlundes Bogtrykkeri, 1948）, p.1; Gottfried Eickhoff, *Af Mit Livs Erindringer*（København: H. Erbs Bogtrykkeri, 1923）, p.4.两个资料都与新港的地址不符，但由于它与事件更为接近，因此我更倾向于后者。

(52) *J.G.A.Eickhoff*, p.2; Eickhoff, *Erindringer*, p.9.

(53) *J.G.A.Eickhoff*, p.2.

(54) J.G.A.Eickhoff A/S, Lønningsbog, 1857 – 1863.Erhvervsarkivet 01024 J.G.A.Eickhoff A/S.

(55) Linck, *Dansker*, p.31.

(56) J.G.A.Eickhoff A/S, Lonningsbog, 1857 – 1863.Erhvervsarkivet 01024 J.G.A.Eickhoff A/S.

(57) 参见1867年7月26日—8月1日在艾柯夫机械厂的周薪：J.G.A.Eickhoff A/S, Lønningsbog, 1864－1867. Erhvervsarkivet 01024 J.G.A.Eickhoff A/S.

(58) Andersen, *Selvbiografi*, p.1. Glahn, *Mindeord*, p.9. 劳里茨·安德森被重复注册，参见：Teknisk Instituts Elevprotokol 1863－1868, Landsarkivet for Sjælland. FD－121, Københavns Tekniske Skole, 1844－1970 Elevprotokol。

(59) Payroll for 17. til 23. maj samt 26. juli til 1. august 1867 i J.G.A.Eickhoff A/S, Lønningsbog, 1864－1867. Erhvervsarkivet 01024 J.G.A.Eickhoff A/S.根据林克所记，安德森与艾柯夫机械厂结束了学徒关系之后，便在鲁文纳公司（D. Løwener）找到了一份工作，参见：Linck, *Dansker*, p.31。然而，这却与安德森在艾柯夫机械厂的工资单不符，安德森的名字从1862年10月至1867年10月都在工资单上，参见：Lønningsbog, 1857－1863 and 1864－1867.Erhvervsarkivet 01024 J.G.A.Eickhoff A/S。

(60) Linck, *Dansker*, p.26. H.C.安德森在新港67号的房子里租住了很多年，参见：Tobias Faber *København før, nu ogaldrig*, bind 9（København：Fogtdal, 1987）, p.17。

(61) Linck, *Dansker*, p.25.

(62) Andersen, Selvbiografi, p.1.

(63) Balthasar Münter, *Nogle Erindringer*（København Gyldendalske Boghandel, 1915）, p.72; Linck, *Dansker*, p.33.

(64) R. Steen Steensen, *Vore Panserskibe 1863－1943*（Kobenhavn：Marinehistorisk Selskab, 1968）, p.231－233.

(65) Andersen, *Selvbiografi*, p.1.

(66) Andersen, *Selvbiografi*, p.1; Linck, *Dansker*, p.33.

(67) Linck, *Dansker*, p.32.

(68) Linck, *Dansker*, p.33.

第二章　走向亚洲（1870—1873）

① Linck, *Dansker*, p.33; Dags-Telegraphen, 12. januar 1870, p.2; Dagbladet, 4. marts 1870, p.3; Dags-Telegraphen, 5. marts 1870, p.1; Fædrelandet, 14. marts 1870, p.2; Dagens Nyheder, 16. marts 1870, p.2; Folkets Avis, 19. marts 1870, p.2; Folkets Avis, 2. april 1870, p.2.

② "讣告", The Engineer, December 25, 1896, p.661; Fred M. Walker, *Ships and Shipbuilders: Pioneers of Design and Construction*（Barnsley：Seaforth Publishing, 2010）, p.183－

184. Andersen, *Selvbiografi*, p.1。

③ Andersen, *Selvbiografi*, p.1.

④ Andersen, *Selvbiografi*, p.1.

⑤ Linck, p.33.

⑥ 从现有资料来看，安德森并没有告诉我们这艘船的名字。然而，从相关文献中却可以看出，它应该是"沙捞越先生号"，因为这艘船是该船坞这一时期唯一为英属北婆罗洲特许公司建造的船只。而且，"沙捞越先生号"从苏格兰去往新加坡的旅行时间也与安德森去往远东的行程正好符合。关于这一船只的更多细节可参见网址：www.Clydeships.co.uk。还可参见："Fifty Years Ago", Sarawak Gazette, October 1, 1920, p.218。

⑦ Linck, p.34.

⑧ *The China Directory for 1874*（Hong Kong：China Mail, 1874）, p.3 and p.6. 还可参见：Christopher Bo Bramsen, *Generaldirektøren. Vilhelm Meyer-en dansk forretningsmands liv i Kina*（København：Gad, 1993）。

⑨ Kristian Hvidt, *Flugten til Amerika eller Drivkræfter i masseudvandringen fra Danmark 1868-1914*（Aarhus：Universitetsforlaget i Aarhus, 1971）, p.306.

⑩ 安德森在其自传中写道，该船于7月15日从格拉斯哥港出发。这也与德国和法国宣战的日期7月16日相吻合，该船于16日抵达苏格兰，载着乘客经格林诺克（Greenock），大约离格拉斯哥港25英里。

⑪ Andersen, *Selvbiografi*, p.2.

⑫《海峡时报》（*Straits Times*）关于该船抵达的时间给出了不同日期，9月8日及9月10日—17日，参见 "Shipping in the Harbour", Straits Times, September 10, 1870, p.3 and "Shipping in the Harbour", Straits Times, September 17, 1870, p.3; 9月6日出发一周之后，参见："Shipping in the Harbour", Straits Times, September 24, 1870, p.3. 在此，笔者倾向于选择《海峡时报》海外版，其报道称，"沙捞越先生号"抵达后的一天，参见《海峡时报》海外版（Straits Times Overland Journal, September 9, 1870, p.8）。安德森写道，在他的记忆中，"大概是9月11日"抵达的，*Selvbiografi*, p.2.

⑬ 修特，有时也拼作"休伊特"（Hewitt）, 当地的媒体在接下来的几年中都是将其描述为"沙捞越先生号"的船长。例如，Straits Times Overland Journal, July 14, 1871, p.9; Straits Times, June 15, 1872, p.4; Straits Times Overland Journal, April 10, 1873, p.10。

⑭ Jean E. Abshire, *The History of Singapore*（Santa Barbara CA：Greenwood, 2011）， p.59.

⑮ "Shipping in the Harbour", Straits Times, September 10, 1870, p.3

⑯ 安德森并没有提及船的名字，但"魅力新加坡号"是当时唯一在维护中的马来汽船，参见："Shipping in the Harbour", Straits Times, September 17, 1870, p.3; "Shipping in the Harbour", Straits Times, September 24, 1870, p.3; "Shipping in the Harbour", Straits Times, September 10, 1870, p.3。

⑰ Linck, *Dansker*, p.34.

⑱ "Departures", Straits Times, October 8, 1870, p.3. 关于对走私者的打击，可参见：Straits Times Overland Journal, September 9, 1870, p.8。

⑲ Andersen, *Selvbiografi*, p.2.

⑳ Linck, *Dansker*, p.35.

㉑ Christopher Bro Bramsen, *Peace and Friendship: Denmark's Offocial Relations with China 1674-2000* (København, Nordic Insititute of Asian Studies, 2000), p.52; "Arrivals" and "Vessels Cleared Out", Straits Times, October 22, 1870, p.3; "Shipping Intelligence", Straits Times Overland Journal, October 25, 1870, p.11.

㉒ 在 Linck, *Dansker*, p.35 中，安德森回忆道，在新加坡看到了丹麦护卫舰"托尔登斯科约尔德号"。然而，要么是他记不清了，要么就是林克记错了，该舰抵达新加坡是8月30日，并于9月3日离开，已经在安德森达到新加坡之前的几日就离开了。"Arrivals", Straits Times, September 3, 1870, p.3; "Shipping Intelligence", Straits Times Overland Journal, September 9, 1870, p.9; "Fortnight's Summary", Straits Times September 10, 1870, p.1.

㉓ Straits Times Overland Journal, October 7, 1870, p.6.

㉔ "Shipping Intelligence", Straits Times Overland Journal, October 25, 1870, p.11.

㉕ Linck, *Dansker*, p.35.

㉖ Linck, *Dansker*, p.35.

㉗ "Arrivals", The Hong Kong Daily Press, October 28, 1870, p.1.

㉘ Linck, *Dansker*, p.35-36.关于19世纪70年代的皇后大道街区可参见：H.J. Lethbridge, "Conditions of the European Working Class in Nineteenth Century Hong Kong", *Journal of the Hong Kong Branch of the Royal Asiatic Society*, vol.15 (1975): pp.99-100。

㉙ Andersen, *Selvbiografi*, p.2.

㉚ Linck, *Dansker*, p.36-37.现有的资料可以确定，拉斯姆斯·约翰森当时在亚洲所

用的名字确实是"鲍勃·史密斯"或"罗伯特·史密斯"。拉斯姆斯于1829年或1829年出生于菲英（Funen）岛的斯科鲁普（Skårup）与长他6岁的哥哥、安德森的继父约翰内斯·约翰森一起长大，参见：Follketælling, Skårup sogn, 1834, opslag no.50。在1945年的人口普查中，16岁的他就已是一名水手，参见：Follketælling, Skårup sogn, 1845, opslag no.41。5年之后他又成为了商船船员，参见：Follketælling, Skårup sogn, 1850, opslag no.41。然而，在之后几年的人口普查中他缺席了，直到1880年，我们才又查到了他的信息，现在他已是船长，生活在根措夫特（Gentofte），参见 Follketælling, Gentofte sogn, 1880。而在中国，有一个叫罗伯特·史密斯的人是一位飞行员，参见："Public meeting", *North-China Herald and Supreme Court & Consular Gazette*, March 21, 1872。1895年，有报纸报道，罗伯特·史密斯于当年7月15日于哥本哈根去世，时年66岁。换言之，他的出生年份和拉斯姆斯·约翰森是一致的，也是在1828年或1829年，参见"Death", *North-China Herald and Supreme Court & Consular Gazette*, August 30, 1895, p.341。然而，关于拉斯姆斯·约翰森和罗伯特·史密斯是否为同一人的质疑也随着"前船长拉斯姆斯·约翰森"于1895年7月中旬于哥本哈根去世这一事实而烟消云散，参见："Nøde", Lolland-Falsters Stifts-Tidende, July 17, 1895, p.3。

㉛ Andersen, *Selvbiografi*, p.2.

㉜ Patricia Lim, *Forgotten Souls: A Social History of the Hong Kong Cemetery*（Hong Kong：University Press, 2011），pp.370 - 371；Colin N.Crisswell, *The Taipans: Hong Kong's Merchant Princes*（Oxford：Oxford University Press, 1981），p.52；personal correspondence with Stephen Davis, University of Hong Kong, May 23, 2017.

㉝ 安德森仅仅提到了"西班牙汽船"，参见：Andersen, *Selvbiografi*, p.2；Linck, *Dansker*, p.37。然而，"马尼拉号"是唯一于1870—1871年冬季在香港与马尼拉之间往来的西班牙汽船。这也与"安德森1870年3月在'马尼拉号'到达香港之后不久，便乘坐'丽斯号'离开香港去往上海"的事实相符。

㉞ Linck, *Dansker*, p.37.

㉟ "Passengers" The Hong Kong Daily Press, February 6, 1871, p.1.

㊱ "Reports", The Hong Kong Daily Press, January 2, 1871, p.1.

㊲ Andersen, *Selvbiografi*, p.2.

㊳ Andersen, *Selvbiografi*, p.2. 很有可能，这位熟人就是安德森的叔叔拉斯姆斯·约翰森。因为安德森曾告诉林克："上海是我的下一站。我的叔叔告诉我那里有很多工程师的工作机会。" Linck, *Dansker*, p.37.

㊴ Linck, *Dansker*, p.37.

㊵ "Departures", The Hong Kong Daily Press, March 22, 1871, p.1. 在 Linck, *Dansker*, p.37中, 安德森将这艘船称为"Leeds"。然而, 在1871年春往来于香港和上海的船并没有哪一艘是叫这个名字。很可能他所指的就是"丽斯号"(Leith), 只是两者的发音听起来很像。

㊶ Linck, *Dansker*, p.37.

㊷ "伟大的上海传奇: 那个曾经露宿外滩的人, 死后向一家博物馆捐赠了5万英镑。" The North-China Herald and Supreme Court & Consular Gazette, April 21, 1928, p.104.

㊸ Sibing He, "Russell and Company in Shanghai, 1843‒1891: U.S. Trade and Diplomacy in Treaty Port China", paper at the conference "A Tale of Ten Cities: Sino-American Exchange in the Treaty Port Era, 1840‒1950—An Interdisciplinary Colloquium", Hong Kong University, May 23‒24, 2011, p.9.

㊹ Linck, *Dansker*, p.50.

㊺ Matthew C. Perry, *The Japan Expedition, 1852‒1854: The Personal Journal of Commodore Matthew C. Perry*, edited by Roger Pineau (Washington, DC: Smithsonian Institution Press, 1968), p.59.

㊻ Andersen, *Selvbiografi*, pp.2‒3.

㊼ 关于旗昌洋行和上海轮船公司, 参见: "Russell and Company"; Edward Kenneth Haviland, "Early Steam Navigation in China: Hong Kong and the Canton River", *American Neptune* 22 (No.1, 1962): pp.5‒43; Kwang-ching Liu, *Anglo-American Steamship Rivalry in China, 1862‒1874* (Cambridge, MA: Harvard University Press, 1962)。

㊽ Linck, *Dansker*, p.38.

㊾ Andersen, *Selvbiografi*, pp.2‒3.

第三章 在战争中 (1871—1875)

① James A.Field, *History of United States Naval Operations: Korea* (Washington DC: US Government Printing Office, 1962), pp.2‒3.

② Sebastien Roblin, "In 1871, America 'Invaded' Korea. Here's What Happened" The National Interest, January 18, 2018.

③ Letter from Low to Hamilton Fish, June 2, 1871, printed in *United States Department of State The executive documents printed by order of the House of Representatives during the second* session of the forty-second Congress.1871 -'72 (Washington DC: Government Printing Office, 1872), p.122.

④ Frederick Ferdinand Low's diary, June 3, 1871. The diary is reprinted in Douglas Edward George, "The Low-Rodgers Expedition: A Study in the Foundations U.S. Policy in Korea", (Monterey CA: Naval Postgraduate School, 1988).

⑤ 关于船的更多内容可参见: www.clydeships.co.uk。

⑥ Frederick Ferdinand Low's diary, June 17, 1871.关于来自"阿修罗号"大炮的数量参见于6月12日上海领事美国驻沪领事熙华德（George F. Seward）至美国副国务卿戴维斯（Davis）的一封信，可参见: Jules Davids (ed.), *American diplomatic and public papers, the United States and China: Series 2, the United States, China, and imperial rivalries, 1861 - 1893*. (Wilmington, DE: Scholarly Resources, 1979), p.124。

⑦ Andersen, *Selvbiografi*, p.3.

⑧ 关于海关手续，可参见: "Summary of News", The North-China Herald and Supreme Court& Consular Gazette, June 9, 1871, p.416.关于"米利特号"上载了4名来自"阿修罗号"的海军军官的消息可参见: Jules Davids (ed.), *American diplomatic and public papers*, p.124。同一份档案上也记录了当时他们出发的时间。这也与安德森的描述相符，他曾谈及，他们到达朝鲜的时间是6月16日，也就是出发后的三四天的样子。参见: Andersen, *Selvbiografi*, p.4。

⑨ Andersen, *Selvbiografi*, p.4.

⑩ Roblin, "In 1871".

⑪ Frederick Ferdinand Low's diary, June 16, 1871.

⑫ Frederick Ferdinand Low's diary, June 17, 1871.

⑬ Andersen, *Selvbiografi*, p.4.

⑭ Frederick Ferdinand Low's diary, June 22, 1871.

⑮ Frederick Ferdinand Low's diary, June 23, 1871.关于逃出来的确切人数，可参见: "The Corean Expedition", The North-China Herald and Supreme Court& Consular Gazette, June 30, 1871, p.481。然而，安德森却声称，当时船上有30个朝鲜人，这一定是时间久远而记忆模糊了的缘故，参见: Andersen, *Selvbiografi*, p.4.

⑯ 关于船上的邮件，可参见: Carolyn A. Tyson, *Marine Amphibious Landing in Korea, 1871* (US Marine Corps, n.d.), p.13。

⑰ Frederick Ferdinand Low's diary, June 24, 1871.

⑱ Andersen，*Selvbiografi*，p.4.安德森并未提及那四位海军军官的名字，而且那些日后邂逅的友人也没有在任何资料中有相关描述。他很可能指的就是那四位来自"阿修罗号"的军官中的一两位。然而，据资料显示，1871 年在"阿修罗号"上服役的所有军官后来都没有成为美国海军中的高级将领，可参见：Lewis Randolph Hamersley，*The Records of Living Officers of U.S. Navy and Marine Corps*（Philadephia：L.R. Hamersley &Co.）.

⑲ 其实，当时全世界所有的海员可以说都是如此。用海洋史学家伯特·贝克尔（Bert Becker）的话来说："我们几无法查找到一个整日在海上奔波的海员的蛛丝马迹，因为，他们很难留下什么航海日志或是书信什么的。"来自 2017 年 5 月 22 日作者与香港大学伯特·贝克尔的一封电子邮件。

⑳ Andersen，*Selvbiografi*，p.4.

㉑ "Generaldirektør Lauritz Andersens smukke Hilsen til vor Gerning" in Fondet：Organ for Prins Valdemars og Prinsesses Maries Fond（Randers，n.d.），nr.4，p.3.

㉒ He，"Russell and Company"，p.4.

㉓ Edwin Pak-Wah Leung，"The Quasi-War in East Asia：Japan's Expedition to Taiwan and Ryūkyū Controversy" in *Modern Asian Studies*，vol.17，nr.2（1983），p.262.

㉔ Robert Eskildsen，"Suitable Ships and the Hard Work of Imperialism：Evaluating the Japanese Navy in the 1874 Invasion Taiwan" in *Asia Bunkakenkyu*，vol.38（2012），p.55.

㉕ Andersen，*Selvbiografi*，p.4.

㉖ "三角洲号"也只是当地媒体的称谓，因为这条船上有着相当比例的外国船员，参见："Nagasaki"，The North-China Herald and Supreme Court& Consular Gazette，May 23，1874，p.451.此外，由于从台湾至长崎的航线上的疾病，"三角洲号"有着高死亡率的记录，这也正符合安德森的描述。

㉗ "Summary of News"，The North-China Herald and Supreme Court& Consular Gazette，May 16，1874，p.442.

㉘ "Summary of News"，The North-China Herald and Supreme Court& Consular Gazette，June 20，1874，p.554.

㉙ Andersen，*Selvbiografi*，p.4.

㉚ *Foreign Adventurers and the Aborigines of Southern Taiwan*，1867 – 1874：*Western Sources Related to Japan's* 1874 *Expedition to Taiwan*，edited by Robert Eskildsen（Taipei：Academia Sinica，2005），p.209.

㉛ Louis G. Perez，*Japan at War: An Encyclopedia*（Santa Barbara CA：ABCCLIO，

2013), p.352.

㉜ Andersen, *Selvbiografi*, p.4. "三角洲号"返回了长崎港,很可能这一次航行就发生在1874年9月的末尾,因为有媒体当时报道了这艘船带回了许多病弱的士兵。"The Formosa Difficulty", The North-China Herald and Supreme Court & Consular Gazette, October 3, 1874, p.346. 日本记者岸田银子(Ginko Kishida)同样报道了数天之后有很多士兵死在了这艘船上。可参见: Tokyo Nichi Nichi Shimbun, October 7, 1874. Cited in Matthew Fraleigh, "Japan's Fisrt War Reporter: Kishida Ginkō and the Taiwan Expedition" in *Japanese Studies*, vol. 30, nr. 1 (May 2010), p.62.

第四章 落地中国(1875—1880)

① Paula Schwartz Holloway, "Robert West Mustard: A American Merchant in Shanghai, 1865-1900" in *Delaware History*, vol.XXII, nr.2 (1986): pp.69-72; The North-China Herald and Supreme Court & Consular Gazette, April 24, 1901: p.782.

② Linck, *Dansker*, p.38. 如今我们无法确认安德森早在19世纪70年代就加入了老晋隆洋行。在不同版本的《字林西报行名录》(*The North China Desk Hong List*)名单上并没有将其作为公司的一员,这也是当时一份非常权威的东亚商人名录。然而,这一定程度上也能反映出他在当时职位很低。

③ Linck, *Dansker*, p.38.

④ Andersen, *Selvbiografi*, p.4.

⑤ 直到1916年,香港才开始正式的工程师职业资格培训。E-mails from Peter Cunich, University Hong Kong, May 20 and 21, 2017.

⑥ Linck, *Dansker*, p.39.

⑦ Andersen, *Selvbiografi*, p.4.

⑧ *The Chronicle and Directory for China, Japan and Philippines for the Year 1877* (Hong Kong: Daily Press, 1877), p.324.

⑨ "Tientsin", The North-China Herald and Supreme Court & Consular Gazette, November 15, 1871, p.876.

⑩ "Tientsin", The North-China Herald and Supreme Court & Consular Gazette, November 11, 1875, p.471.

⑪ The North China Desk Hong List 1879, p.59.

⑫ The North China Desk Hong List 1879, p.59.

⑬ Andersen, *Selvbiografi*, p.5.

⑭ Kwan Man Bun, The Salt Merchants of Tianjin: State-Making and Civil Society in Late Imperial China (Honolulu HI: University of Hawai'i Press, 2011), p.21.

⑮ Munter, II, pp.7 - 8.

⑯ Münter, II, p.5.

⑰ 安德森仍然与旗昌洋行及其子公司上海轮船公司保持着密切的关系, 这可能还有一个原因——旗昌洋行不仅赞助了格兰特的宴会, 而且以他的名义组织了一场花园宴会, 参见: He, "Russell and Company", p.12.

⑱ Draft of Andersens's autobiography, i 2 - 2035 Shanghai, konsulær repræsentation, 1925 - 1961 Gruppeordnede sager (aflev. 1963), 26 R15 (pakke 2), RA.这并不包含于自传的最终版本中。

第五章 为清政府服务 (1880—1890)

① Richard J. Smith, "Li Hung-chang's Use of Foreign Military Talent: The Formative Period 1862 - 1874", in Samuel C. Chu and Kwang-ching Liu (eds.), *Li Hung-chang and China's Early Modernization* (Armonk NY: M. E. Sharpe, 1994), p.119.

② Kwang-ching Liu, "Li Hung-chang in Chihli: The Emergence of a Policy, 1870 - 1875", in Samuel C. Chu and Kwang-ching Liu (eds.), *Li Hung-chang and China's Early Modernization* (Armonk NY: M. E. Sharpe, 1994), p.49.

③ Chia-chien Wang, "Li Hung-chang and the Peiyang Navy" in Samuel C. Chu and Kwang-ching Liu (eds.), *Li Hung-chang and China's Early Modernization* (Armonk NY: M. E. Sharpe, 1994), p.248 - 249.

④《中国近代舰艇工业史料集》, 上海人民出版社 1994 年版, 第 528 页。

⑤ J. He et al., "A GIS-Based Cultural Heritage Study Framework on Continuous Scales: A Case Study on 19th Century Military Industrial Heritage", The International Archives of the Photogrammetry, Remote Sensing and Spatial Information Sciences, Volume XL-5/W7, 2015. 25th International CIPA Symposium, 2015, August 31 - September 4, 2015, Taipei, p.217.

⑥《中国近代舰艇工业史料集》, 上海人民出版社 1994 年版, 第 528 页; Vera Schmidt, *Aufgabe und Einfluss der europäischen Berater in China: Gustav Detring (1842 - 1913) im Dienste Li Hung-changs* (Wiesbaden: Otto Harrassowitz, 1984), p.6.

⑦ *The North China Desk Hong List 1881*, p.58.

⑧ Linck, *Dansker*, p.39.

⑨ Andersen, *Selvbiografi*, p.5.

⑩ *The North China Desk Hong List 1881*, p.61.

⑪ "Outport: Tientsin", The North-China Herald and Supreme Court & Consular Gazette, July 8, 1881, p.30.

⑫《中国近代舰艇工业史料集》，上海人民出版社 1994 年版，第 528 页。

⑬ Linck, *Dansker*, pp.39 – 40.

⑭ "Outport: Tientsin", *The North-China Herald and Supreme Court & Consular Gazette*, September 16, 1881, p.281.

⑮ Andersen, *Selvbiografi*, p.4.

⑯ Andersen, *Selvbiografi*, p.4.

⑰ Shellen Xiao Wu, *Empires of Coal: Fueling China's Entry Into the Modern World Order, 1860 – 1920* (Standford CA: Standford University Press, 2015), pp.26 – 27.

⑱ Linck, *Dansker*, p.40.

⑲ Andersen, *Selvbiografi*, p.5.

⑳ *The Chronicle & Director for China, Corea, Japan, the Philippines, Cochin-China, Annam, Tonquin, Siam, Borneo, Straits Settlements, Malay States &c. for the Year 1881* (Hong Kong: Daily Press Office, 1881), p.389.

㉑ Andersen, *Selvbiografi*, p.5.

㉒ Linck, *Dansker*, pp.40 – 41.

㉓ Linck, *Dansker*, p.41.

㉔ Linck, *Dansker*, pp.41 – 42.

㉕ Linck, *Dansker*, p.44. 现在仍未能确证是哪一家英国公司。

㉖ *The Chronicle & Director for China, Corea, Japan, the Philippines, Cochin-China, Annam, Tonquin, Siam, Borneo, Straits Settlements, Malay States &c. for the Year 1888* (Hong Kong: Daily Press Office, 1888), p.472.

㉗ *The North China Desk Hong List 1886*, p.65, p.74.

㉘ Linck, *Dansker*, p.60.

㉙ Linck, *Dansker*, p.61.

㉚ Linck, *Dansker*, p.59.

㉛ *The North China Desk Hong List 1888*, p.72.

㉜ Holloway,"Mustard", p.72.

㉝ Linck, *Dansker*, p.44.

第六章 烟草行业（1890—1895）

① World Health Organization, *Country Profile: China* https://www.who.int/tobacco/economics/country_profile/chn.pdf. 老晋隆洋行的重要贡献就在于建立了现代中国的烟草行业，而这在现有的英文文献中并没有得到详尽的描述，只有简单地提及："老晋隆洋行曾在上海进行过早期的香烟生产尝试"，参见：Howard Cox, *The Global Cigarette: Origins and Evolution of British American Tobacco, 1880 – 1945*（Oxford：Oxford University Press, 2000），44 n85；两个西方的工厂……几乎生产了……所有中国的香烟。其中一家是作为杜克公司在中国的代理人：老晋隆洋行，一家注册于英国的进出口公司，参见：Sherman Cochran, *Big Business in China: Sino-Foreign Rivalry in the Cigarette Industry, 1890 – 1930*（Cambridge MA：Harvard University Press, 1980, p.14）；"1891 年，一家叫作老晋隆洋行在上海开了一间生产香烟的小工厂"，参见：Carol Benedict, *Golden-Silk Smoke: A History of Tobacco in China, 1550 – 2010*（Berkeley CA：University of California Press, 2011），p.135。

② 一种关于技术发展的目的性与偶然性的辩论已经全面展开，参见：P. Drucker, "The discipline of innovation", *Harvard Business Review* 8（2002）：p.1；J. McNerney et al. "Role of design complexity in technology improvement", *Proceedings of the National Academy of Sciences* 108（2011），p.9008。其认为，技术之发展是一种理性和目标导向性的；M. Rosenman, "Serendipity and scientific discovery", *Reach in Urban Economics* 13（2001）：p.187；F. Johansson, "When success is born out of serendipity", *Harvard Business Review* 18（2012）：p.22；W. Isaacson, *The Innovators: How a Group of Hackers, Geniuses, and Geeks Created the Digital Revolution*（New York NY：Simon and Schuster, 2014）则持相反观点。

③ US Bureau of Corporations, *Report of the Commissioner of Corporations on the Tobacco Industry*, Part III（Washington DC：Government Printing Office, 1915），p.149. "History of the Bonsack Machine Company", Bonsack Machine Company papers. Private Collections. State Archives of North Carolina, p.3.

④ Richard B. Tennant, *The American Cigarette Industry*（New Haven：Yale University Press, 1950），pp.17 – 18.

⑤ Richard B. Tennant, *The American Cigarette Industry*（New Haven：Yale University

Press, 1950), pp.17‐18.

⑥ "Shanghai Industries", The North-China Herald and Supreme Court & Consular Gazette, June 14, 1895, p.929.

⑦ US Bureau of Corporations, *Report of the Commissioner of Corporations on the Tobacco Industry*, Part I (Washington DC: Government Printing Office, 1909), p.63. US Bureau of Corporations, *Report of the Commissioner of Corporations on the Tobacco Industry*, Part III (Washington DC: Government Printing Office, 1915), p.149. "History of the Bonsack Machine Company" p.3.

⑧ "History of the Bonsack Machine Company", p.4.

⑨ Robert F. Durden, *The Dukes of Durham* (Durham NC: Duke University Press, 1987), p.32.

⑩ "History of the Bonsack Machine Company", p.9.

⑪ Durden, *The Dukes of Durham*, pp.41‐43.

⑫ The North-China Herald and Supreme Court & Consular Gazette, May 14, 1897, p.883.

⑬ Linck, *Dansker*, p.44.

⑭ "The United States Consular Court", The North-China Herald and Supreme Court & Consular Gazette, April 30, 1897: p.796 and May 14, 1897: p.883.老晋隆洋行最初对彭萨克设备并不感兴趣的说法,还是值得怀疑的,因为这是在后来的法庭案件中作为证词的一部分所提出的,老晋隆洋行和怀特所持立场相反。安德森等人很可能参与了2月在上海举行的谈判,随后则是本尼特负责双方的协商,参见: Bennett to Wright, May 2, 1890. David M. Rubenstein Rare Book & Manuscript Library, Duke University。这封信及其他19世纪90年代中期来自老晋隆洋行的许多信都签有"老晋隆洋行"的名字,但并没有其他人的署名。然而,在安德森与穆斯塔德缺席的情况下,它们似乎只能署名为"本尼特"。穆斯塔德与安德森已于6月搭乘"奥克斯号"(Oxus)去往日本,参见: The North-China Herald and Supreme Court & Consular Gazette, June 27, 1890: p.812;本尼特同样在一封信中提到"穆斯塔德和他的另一位合伙人"去了日本,参见: Bennett to Wright, December 12, 1892。

⑮ 怀特5月28日的信已经丢失,但从本尼特1890年6月26日的回信中可以推出其大概内容。The North-China Herald and Supreme Court & Consular Gazette, May 14, 1897, p.883.

⑯ Bennett to Wright, July 8, 1890. See also The North-China Herald and Supreme Court & Consular Gazette, May 14, 1897: p.883.

⑰ Wright to Krise, August 7, 1890.

⑱ Bennett to Wright, June 26, 1890.

⑲ Durden, *The Dukes of Durham*, p.41.

⑳ US Bureau of Corporations, *Report of the Commissioner of Corporations on the Tobacco Industry*, Part I (Washington DC: Government Printing Office, 1909), p.65.

㉑ Bennett to Wright, May 2, 1890.

㉒ Bennett to Wright, May 2, 1890.

㉓ Bennett to Wright, May 2, 1890.

㉔ Bill of Lading, Wright papers, David M. Rubenstein Rare Book & Manuscript Library, Duke University.

㉕ Mustard to Wright, December 18, 1890; Mustard to Wright, January 29, 1891; The North-China Herald and Supreme Court & Consular Gazette, December 26, 1890: p.790.

㉖ Hulse to Wright, January 9, 1891.

㉗ Catherine L. Fisk, *Working Knowledge: Employee Innovation and the Rise of Corporate Intellectual Property, 1800 – 1930* (Chapel Hill NC: University of North Carolina Press, 2009), p.128.

㉘ 赫尔斯于1890年离开了马尼拉,并于当月底抵达上海,参见:Hulse to Wright, December 14, 1890; Mustard to Wright, January 29, 1891; "passengers" The North-China Herald and Supreme Court & Consular Gazette, January 2, 1891: p.19。

㉙ Hulse to Wright, June 9, 1891.

㉚ 大约在1890年,赫尔斯通过一个所谓的"卷曲器"改良了彭萨克机器,使得香烟最终以卷曲的方式成型,而不再是胶水的黏合;参见:Fisk, *Working Knowledge*, p.129。

㉛ Hulse to Wright, January 1, 1891.赫尔斯并不确定这个刀片是干什么用的,但凭猜测它们大概是用于将香烟切割成一定长度的部件。

㉜ Hulse to Wright, January 24, 1891; Hulse to Wright, January 28, 1891.

㉝ Hulse to Wright, January 28, 1891.

㉞ Mustard to Wright, January 29, 1891.

㉟ Mustard to Wright, February 16, 1891.

㊱ Mustard to Wright, January 29, 1891.

㊲ Mustard to Wright, February 16, 1891.

㊳ Hulse to Wright, February 13, 1891.

㊴ Hulse to Wright, February 27, 1891.

㊵ Hulse to Wright, April 13, 1891.

㊶ Hulse's wife to Wright, January 11, 1891.

㊷ Hulse to Wright, January 24, 1891.

㊸ Hulse to Wright, March 6, 1891.

㊹ Hulse to Wright, April 28, 1891.

㊺ Hulse to Wright, July 30, 1891.

㊻ Cox, *Global Cigratte*, p.44.

㊼ 参见《马关条约》第6条:"日本国民可在中国所有开放城市、城镇、港口从事各种制造业,并可自由进口各种机械,只需缴纳规定的进口税。"

㊽ Mustard to Wright, January 9, 1891.

㊾ Mustard to Wright, February 16, 1891.

㊿ Mustard to Wright, December 8, 1892. 这封信是一个非常了解机器的人所写,因此并非出自穆斯塔德或安德森,而且也非本尼特,他在4天之后在英国的贝弗利给怀特发了一封信。Bennett to Wright, December 12, 1892.

㉛ Mustard to Wright, March 24, 1893.

㉜ Bennett to Wright, December 12, 1892.

㉝ Bennett to Wright, December 12, 1892.

㉞ Mustard to Wright, November 19, 1892.

㉟ *The North-China Herald and Supreme Court & Consular Gazette*, May 21, 1897, p.930.

㊱ Mustard to Wright, April 1, 1892.

㊲ "A Few Words on Pigtails", *North China Herald*, March 7, 1863, p.39.

㊳ Frederick Porter Smith, *Contributions Towards the Materia Medica & Natural History of China for the Use of Medical Missionaries & Native Medical Students* (Shanghai: American Presbyterian Mission Press, 1871), p.220.

㊴ Benedict, *Golden-Silk Smoke*, p.134.

㊵ Hulse to Wright, February 27, 1891.

㊶ Mustard to Wright, June 5, 1891.

㊅㊁ Mustard to Wright, May 8, 1891.

㊅㊂ Mustard to Wright, March 2, 1892.

㊅㊃ *The North-China Herald and Supreme Court & Consular Gazette*, May 21, 1897: p.930.

㊅㊄ *The North-China Herald and Supreme Court & Consular Gazette*, June 2, 1893: p.814.

㊅㊅ Mustard to Wright, May 25, 1893.

㊅㊆ Bennett to Wright, June 25, 1893.

㊅㊇ Andersen, *Selvbiografi*.

㊅㊈ Andersen, *Selvbiografi*; *Mindeord*, p.14.

㊆⓪ Andersen to Wright, August 10, 1893.

㊆① Andersen to Wright, August 10, 1893.

㊆② Andersen to Wright, November 23, 1893; *The North-China Herald and Supreme Court & Consular Gazette*, September 22, 1893, p.475.

㊆③ Andersen to Wright, November 23, 1893.

㊆④ Laurits Andersen, *Selvbiografi*.

㊆⑤ Linck, *Dansker*, pp.44–45.

㊆⑥ The North-China Herald and Supreme Court & Consular Gazette, May 21, 1897, p.930.

㊆⑦ "Shanghai Industries", *The North-China Herald and Supreme Court & Consular Gazette*, June 14, 1895: p.929.

㊆⑧ "Danish Consular Court", *The North-China Herald and Supreme Court & Consular Gazette*, May 11, 1894: p.738.

㊆⑨ Mustard to Wright, June 5, 1891.

㊇⓪ Mustard to Wright, May 19, 1891.

㊇① Bennett to Wright, July 6, 1891.

㊇② Bennett to Wright, August 23, 1891.

㊇③ 尽管名称中有"美国",但美国烟草公司实则归属英国,并在香港注册,见: The North-China Herald and Supreme Court & Consular Gazette, April 30, 1897, p.769。

㊇④ James R. Morse, presidet of American Trading Co., to Wright, March 17, 1891.

㊇⑤ Hulse to Wright, July 19, 1891.

㊇⑥ Bennett to Wright, July 6, 1891.

㊇⑦ Hulse to Wright, August 4, 1891.

㊇⑧ Bennett to Wright, August 11, 1891.

㉙ Morse to Wright, August17 and September 3, 1891. 在现存的信件中，日本方面所指称的是浅野（Asano），然而，这极有可能所指的就是浅野秀一郎，其企业是"二战"之前的八大财阀之一，参见：Masaaki Kobayashi, "Japan's Early Industrialization and the Transfer of Government Enterprises: Government and Business", *Japanese Yearbook of Business History*, 2 (1985), pp.54 – 79.

⑨ Morse to Wright, September 3, 1891.

㉑ Morse to Wright, October 5, 1891.

㉒ Morse to Wright, November 12, 1892; American Trading Co. to Wright, February 16, 1892.

㉓ American Trading Co. to Wright, February 16, 1892.

㉔ Mustard to Wright, April 24, 1893.

第七章　竞争的恶化（1895—1903）

① *The North-China Herald and Supreme Court & Consular Gazette*, April 30, 1897, p.796.

② Emens to Wright, February 28, 1896.

③ Emens to Wright, February 7, 1896.

④ Emens to Wright, February 7, 1896.

⑤ Emens to Wright, June 27, 1896.

⑥ Emens to Wright, June 4, 1896.

⑦ American Trading Co. To Wright, August 19, 1896.

⑧ *The North-China Herald and Supreme Court & Consular Gazette*, April 30, 1897, p.796.

⑨ *The North-China Herald and Supreme Court & Consular Gazette*, May 14, 1897, p.883.

⑩ *The North-China Herald and Supreme Court & Consular Gazette*, May 14, 1897, p.883 and July 2, 1897, p.38.

⑪ Collins to Wright, June 24, 1897.

⑫ 安德森致海关当局的信件已经丢失了，但有文献提及：*The North-China Herald and Supreme Court & Consular Gazette*, May 21, 1897, p.930。

⑬ Parrish to W.R. Harris, American Tobacco Co., New York, July 25, 1900.

⑭ Andersen to Lewis, October 17, 1900.

⑮ Andersen to Lewis, September 14, 1900.

⑯ Cox, Global Cigarette, pp.74 – 75.

⑰ Richard B. Tennant, *The American Cigarette Industry* (New Haven: Yale University Press, 1950), pp.19-20.

⑱ Holloway "Mustard", p.98; *The North-China Herald and Supreme Court & Consular Gazette*, April 24, 1901, p.782.

⑲ Linck, *Dansker*, p.71.

第八章　与英美烟公司同行（1903—1911）

① Sherman Cochran, *Big Business in China: Sino-Foreign Rivalry in the Cigarette Industry, 1890-1930* (Cambridge MA: Harvard University Press, 1980), p.13.

② Michael A. Hunt, "Americans in the China Market: Economic Opportunities and Economic Nationalism, 1890s-1931", *Business History Review*, no.51 (1977), p.285.

③ Cochran, *Big Business*, p.13; Durden, *Dukes*, p.79.

④ Durden, *Dukes*, pp.79-80.

⑤ Howard Cox, *The Global Cigarette: Origins and Evolution of British American Tobacco, 1880-1945* (Oxford: Oxford University Press, 2000), pp.82-83.

⑥ Cochran, *Big Business*, pp.10-11; Richard P. Dobson, *China Cycle* (London: Macmillan, 1945), p.18.

⑦ Hunt, "*Americans*", p.285.

⑧ BAT's archives, Shanghai Academy of Social Sciences (hereafter SASS), 2-E-56.安德森在1904年9月1日的一封信中表示他出让了一部分股份，因此他也就变成了老晋隆洋行仅次于路易斯·穆斯塔德的第二大股东，穆斯塔德共持有339股。参见：Brevbog 1904-1914, 36 and 38. 26R15 (Pk.4), 89B.RA。

⑨ SASS, 2-C-58.

⑩ SASS, 2-E-56.

⑪ SASS, 2-C-59.在《字林西报行名录》（1903）中，安德森虽然是作为老晋隆洋行的高级管理者，但并没有一个具体的头衔，或许是因为这份名录是在新公司成立之前形成的。而在1904年版中，安德森则被列为"总经理"。

⑫ Andersen to BAT, May, 22, 1916, KB2, 93.RA.

⑬ Andersen to Lewis Mustard, March, 28, 1905.RA.

⑭ SASS, 2-C-80.

⑮ Andersen to Lewis Mustard, February, 15, 1906.KB1, 88.RA.

⑯ Andersen to Jeffress, June 12, 1921, KB2, 345.RA.

⑰ Andersen to Lewis Mustard, May 19, 1905. KB1, 65.RA.

⑱ SASS, 2－C－61 og 2－C－80.

⑲ Cochran, *Big Business*, p.14; Cox, *Global Cigarette*, pp.74－75.

⑳ 在《字林西报行名录》(1903) 中, 葛理 (H. A. Keily) 是作为花旗烟公司的总经理和独家代理人, 而在 1904 年版中, 菲斯克则被增列为经理人, 而安德森和肯普弗则被列为董事。

㉑ *North China Desk Hong List*, 1914.

㉒ SASS, 2－C－61.

㉓《英美烟公司月报》, 1924.09, p.10.

㉔《英美烟公司月报》, 1924.09, p.18.

㉕ SASS, 2－C－40.

㉖ Andersen to Lewis Mustard, June 18, 1904. KB1, 8.RA. 此封信已经很难辨认, 因此, 关于这两年委员会的信息应谨慎为之。

㉗ Howard Cox, "Learning to Do Business in China", *Business History* (June 1997), p.38.

㉘ 黄光域:《近世百大洋行志》,《近代史资料》, 1992 年, 第 40 页。

㉙ Andersen to Lewis Mustard, January 6, 1905. 1904 年的现有资料中并没有关于老晋隆洋行收入的详细内容, 他们也没有提供烟草生意收入的所占比例。

㉚ Andersen to Lewis Mustard, April 22, 1904. KB1, 2.RA.

㉛ Andersen to Lewis Mustard, June 18, 1904. KB1, 8.RA.

㉜ Cox, "Learning", 60 n36. 在这一时期的通信中, 安德森也并没有提及老晋隆洋行的老工厂, 或许, 它已经不再使用了。

㉝ 如, 可参见 Andersen to Lewis Mustard, January 6, 1905。

㉞ Andersen to "John", August 21, 1904. KB1, 30. R.A. 但不清楚的是这个"约翰"(John) 是谁, 大概是安德森的一位老朋友。

㉟ Andersen to Lewis Mustard, September 14, 1904. KB1, 41.RA.

㊱ Andersen to Lewis Mustard, May l9, 1905. KB1, 66.RA.

㊲ Andersen to Lewis Mustard, July 10, 1905. KB1, 73.RA.

㊳ Cochran, *Big Business*, pp.40－41; Cox, *Global*, pp.39－40.

㊴ Cochran, *Big Business*, p.41, Cox, *Global*, pp.110－111.

㊵ Cochran, *Big Business*, p.41.

㊶ Parrish to Fiske, October 12, 1904; Cochran, *Big Business*, p.52.

㊷ Andersen to Christensen, August 6, 1904. KB1, 27.RA; Andersen to Lewis Mustard, June 18, 1904. KB1, 8.RA.安德森在信中提到，日后浦东的香烟工厂计划要生产孔雀牌香烟。

㊸ Andersen to Christensen, August 6, 1904. KB1, 27.RA.

㊹ Andersen to Lewis Mustard, December 16, 1904. KB1, 50.RA.

㊺ "Inquest", *The North-China Herald and Supreme Court & Consular Gazette*, March 17, 1905, p.553.

㊻ Andersen to Lewis Mustard, March 28, 1905.RA.

㊼ 维奈是上海商人群体中的典型的代表。他早在 19 世纪 70 年代就已经到了上海，他曾担任过诸多职位，其中就包括巴黎国民贴现银行上海办事处的执行经理。参见 The North-China Herald and Supreme Court & Consular Gazette, March 17, 1905, p.523。此外，他还是五彩印画有限公司（Shanghai Chromo and Photo-Lithographic Co.）的董事会成员，主要经营照相与印刷生意。参见 *The North-China Herald and Supreme Court & Consular Gazette*, August 22, 1890, p.232。

㊽ *The North-China Herald and Supreme Court & Consular Gazette*, March 17, 1905, p.523.

㊾ Andersen to Lewis Mustard, March 28, 1905.RA.

㊿ Andersen to Lewis Mustard, March 28, 1905.RA.

(51) 然而，唐默斯之前在印度的工作生涯仍有一些疑点。根据高加龙所言，在 1900—1903 年间，唐默斯是在新加坡，参见 Cochran, *Big Business*, p.15。在一封信中，安德森同样提到唐默斯也是新加坡仓库的负责人，参见 Andersen to Lewis Mustard, March 28, 1905.RA。然而，根据《月报》可知，唐默斯在被派到印度之前是在香港任职的，见《月报》, p.10。然而，从资料来看，两种说法都没有问题。在 1901 年秋的一封信中，唐默斯是作为美国烟草公司驻新加坡的代表，参见 Parrish to Thomas, September 10, 1901。Edward James Parrish, copybook, August 28, 1901 to August 4, 1902. Edward James Parrish papers, Rubinstein Library, Duke University. 在 1903 年初的信件中，他是作为英美烟公司香港仓库的经理，参见 Thomas to Murray Brothers, February 20, 1903。参见 Edward James Parrish papers, Rubinstein Library, Duke University。最为合理的解释则是，唐默斯是在新加坡之后和去印度之前，曾在香港有过短暂的任职。

(52)《月报》, p.10.

(53) Andersen to Lewis Mustard, July 28, 1905.RA. KB1, 73.RA.

(54) Andersen to Lewis Mustard, July 28, 1905.RA. KB1, 73.RA.

(55) Cox, *Global*, p.100.

(56) Andersen to Lewis Mustard, May 19, 1905.KB1, 65.RA.

(57) SASS, 2 - C - 40 and 2 - C - 41.

(58) 其实，我们仍不清楚老晋隆洋行的资本是什么时候从 25 万美元上升到 65 万美元的。

(59) 安德森在其信件中将营口称为"Newshwang"（牛庄）。"Newshwang"或"Newchwang"则是 20 世纪初对这一城市的普遍称谓，以替代其另一个中文名称（Niuzhuang）。

(60) Cochran, *Big Business*, p.46.

(61) "Notes on Native Affairs: The American Boycott", *The North-China Herald and Supreme Court & Consular Gazette*, July 28, 1905, p.211.

(62) Cochran, *Big Business*, p.46.

(63) Pomfret, *Beautiful*, p.180.

(64) Cox, *Global*, p.158. Cox, "Learning", p.39.

(65) James C. Lorence, "Business and Reform: The American Asiatic Associa- tion and the Exclusion Laws, 1905 - 1907", *Pacific Historical Review*, no. 39 (1970), p.429.

(66) Andersen, *Selvbiografi*, pp.7 - 8.

(67) Andersen to Lewis Mustard, July 10, 1905. RA. KB1, 73. RA. Andersen to Lewis Mustard, August 12, 1905. RA. KB1, 77. RA.

(68) Andersen to Lewis Mustard, July 10, 1905. RA. KB1, 73. RA.

(69) Andersen to Lewis Mustard, July 10, 1905. RA. KB1, 73. RA. "Passengers", *The North-China Herald and Supreme Court & Consular Gazette*, September 1, 1905, 511. 据报纸显示，安德森与另外两名乘客正在去往伦敦的路上，这显然是个错误。彼时，印度女皇号定期的航线为上海—长崎—神户—横滨—温哥华—香港。安德森自己后来也在晚些的一封信中确切地提到，他们的目的地是美国，参见 Andersen to Lewis Mustard, February 15, 1906. KB1, 86. RA。

(70) Howard K. Beale, *Theodore Roosevelt and the Rise of America to World Power* (Baltimore: The Johns Hopkins Press, 1956) 234. Cochran, *Big Business*, 49 - 50.

㉑ Telegram from J. Parker to Francis B. Loomis. Theodore Roosevelt Papers. Library of Congress Manuscript Division. http：//www.theodorerooseveltcenter.org/Research/Digital-Library/Record?LibID=051153. Theodore Roosevelt Digital Library. Dickinson State University.

㉒ Beale, *Roosevelt*, pp.235–236.

㉓ Beale, *Roosevelt*, pp.236–237. Cochran, *Big Business*, p.50.

㉔ "印度皇后号"确切的到达日期并不清楚，但是轮船离开温哥华去东亚是在10月。"Here and There", The Week, October 7, 1905, p.2.

㉕ 鉴于当时的交通状况，安德森和坎利夫-欧文在到达温哥华的1—2周之后才可能到达华盛顿。因此，安德森也不可能在11月中旬之前就离开了华盛顿，毕竟他在12月30日搭乘"朝鲜号"去往中国之前就已经在洛杉矶花费了一个月的时间。Andersen to Paige, February 19, 1906. KB1, 89. RA. RA. Andersen to Paige, February 22, 1906. KB1, 90. RA.

㉖ 除了安德森本人的回忆，关于他与罗斯福的会面并没有发现其他任何资料的佐证。

㉗ Andersen to Paige, February 22, 1906. KB1, 90. RA.

㉘ Andersen to Paige, February 22, 1906. KB1, 90. RA.

㉙ Andersen to Lewis Mustard, February 15, 1906. RA. Andersen to Paige, February 19, 1906. RA.

㉚ Hunt, "Americans", p.293, n33.

㉛ Beale, *Roosevelt*, pp.239–250.

㉜ Andersen to Harris, April 3, 1906.

㉝ Andersen to Harris, April 3, 1906. KB1, 101. RA.

㉞ Andersen to Jeffress, May 12, 1906. KB1, 105. Andersen to Lewis Mustard, June 6, 1906. KB1, 120. RA.

㉟ Andersen to Jeffress, May 12, 1906. KB1, 105.

㊱ Andersen to Lewis Mustard, July 6, 1906. KB1, 120. RA.

㊲ Andersen to Harris, June 25, 1906. KB1, 113. RA.

㊳ "Municipal Council: Road Extensions and Widenings", *The North-China Herald and Supreme Court & Consular Gazette*, May 17, 1907, 387.

㊴ "Meeting. The Municipal Council: Road Extensions and Widenings", The North-China Herald and Supreme Court & Consular Gazette, September 13, 1907, p.611.

⑨⓪ Linck, *Dansker*, p.62.

⑨① "B.A.T. Moves Back Into Its Old Home, Now New", The China Press, August 25, 1925, p.7.英美烟公司的新总部在原址重建。

⑨② Andersen to Jeffress, August 28, 1918. KB2, 192 – 193. RA.

⑨③ Robert Easton, *Guns, Gold, & Caravans: The Extraordinary Life and Times of Fred Meyer Schroder* (Santa Barbara CA: Capra Press, 1978), p.105.

⑨④ Easton, *Guns*, p.105.

⑨⑤ Lee Parker og Ruth Dorval Jones, *China and the Golden Weed* (Ahoskie NC: The Herald Publishing Company, 1976), p.11.

⑨⑥ Cox, "Learning", p.39, p.60.

⑨⑦ Cox, "Learning", p.39.

⑨⑧ James A. Thomas, *A Pioneer Tobacco Merchant in the Orient* (Durham NC: Duke University Press, 1928), pp.64 – 65.

⑨⑨ Thomas, *Pioneer*, p.59.

⑩⓪ "The Boycott of the Americans", *The North-China Herald and Supreme Court & Consular Gazette*, July 28, 1905.

⑩① Easton, *Guns*, p.110.

⑩② "Advertising in China", *The North-China Herald and Supreme Court & Consular Gazette*, March 20, 1926, p.47.

⑩③ Easton, *Guns*, p.124.

⑩④ "The Mixed Court", *The North-China Herald and Supreme Court & Consular Gazette*, April 28, 1905, pp.199 – 200.

⑩⑤ Regarding the Shanghai Mixed Court, see http://summit.sfu.ca/item/8387.

⑩⑥ "The Mixed Court", *The North-China Herald and Supreme Court & Consular Gazette*, April 28, 1905, pp.199 – 200.

⑩⑦ Alfred D. Chandler, *The Visible Hand: The Managerial Revolution in American Business* (Cambridge MA: Belknap Press, 1977), p.389.

⑩⑧ Thomas, *Pioneer*, p.49.

⑩⑨ Andersen to Harris, April 3, 1906.

⑩⑩ Andersen to Lewis Mustard, January 7 1907. KB1, 144. RA.

⑪① 唐默斯最先是于 1899 年在新加坡的时候提出了这样一种信息表。Cox,

"Learning", p.44, 61 n59. 中国北方城市太原的一位代表所填写的表格示例可见于 *Yingmei*, vol.2, pp.544－546。

⑫ *YuePao*, pp.10－11.

⑬ James Lafayette. China Hand. Boston：Lothrop, Lee and Shepard, 1936, pp.230－231.

⑭ Hutchison, *China Hand*, pp.190－191.

⑮ Hutchison, *China Hand*, p.12. 唐默斯在本书中被描述为"老人"。但他的身份是毫无疑问的，因为，"老人"在1915年离开中国的时间正与唐默斯相一致。

⑯ Berlingske Tidende, August 21, 1938, p.64.

⑰ "Mange Aar i Kina", Berlingske Tidende, January 7, 1956, p.1.

⑱ Andersen to Lewis Mustard, June 18, 1904. KB1, 8. RA.

⑲ Andersen to Kempffer, April 9, 1906, KB1, 103. RA.

⑳ Andersen to Lewis Mustard, April 22, 1904. KB1, p.4. RA.

㉑ Andersen to Jeffress, April 8, 1909. RA.

㉒ Andersen to Jeffress, April 8, 1909. RA.

㉓ Andersen to Jeffress, June 5, 1909. RA.

㉔ Andersen to Jeffress, June 18, 1909. RA.

㉕ Andersen to Ellis and Hays, June 11, 1906. KB1, 108－109. RA. "H.M. Supreme Court：Mustard and Co. vs. Scott and Carter", The North-China Herald and Supreme Court & Consular Gazette, June 8, 1906, 576. RA. "H.M. Supreme Court：Mustard and Co. vs. Scott and Carter", The North-China Herald and Supreme Court & Consular Gazette, June 29, 1906, p.777. "Judgment", The North-China Herald and Supreme Court & Consular Gazette, June 29, 1906, p.779.

㉖ Andersen to Lewis Mustard, January 7, 1907. KB1, 143. RA.

㉗ "The Anglo-German Brewery Co., Ltd.", *The North-China Herald and Supreme Court & Consular Gazette*, March 18, 1910, p.615.

㉘ Andersen to Lewis Mustard, March 28, 1905. RA.

㉙ Andersen to Robert, September 2, 1918. KB2, p.195. RA.

㉚ Letter to the Editor, *The North-China Herald and Supreme Court & Consular Gazette*, April 28, 1928, p.156.

㉛ Andersen to Lewis Mustard, February 4, 1907. KB1, p.152. RA.

㉜ "The Shanghai Spring Race Mettings：Stewards：First Day, Tuesday, 3rd May, 1904,"

The North-China Herald and Supreme Court & Consular Gazette, May 6, 1904, p.938.

⑬ "Shanghai Race Club: Spring Meeting 1908 Summary", *The North-China Herald and Supreme Court & Consular Gazette*, May 8, 1908, p.337.

⑭ "More Notes from the Course", *The North-China Herald and Supreme Court & Consular Gazette*, April 28, 1905, 192. Andersen to Lewis Mus- tard, May 19, 1905. KB1 64, RA.

⑮ "The Shanghai Spring Race Meeting", *The North-China Herald and Supreme Court & Consular Gazette*, May 5, 1905, p.259.

⑯ "The Shanghai Spring Race Meeting", *The North-China Herald and Supreme Court & Consular Gazette*, May 5, 1905, p.236.

⑰ "The Shanghai Spring Race Meeting", *The North-China Herald and Supreme Court & Consular Gazette*, May 12, 1905, p.292.

⑱ Andersen to Lewis Mustard, May 19, 1905. KB1 64, RA.

⑲ Andersen to Lewis Mustard, April 11, 1906. KB1 104, RA.

⑭⓪ Andersen to Lewis Mustard, March 28, 1905. RA.

⑭① Andersen to Lewis Mustard, May 19, 1905. KB1 65, RA.

⑭② Paula Schwartz Holloway, "Robert West Mustard: An American Merchant in Shanghai, 1865–1900", *Delaware History*, vol. 22, no. 2 (1986), pp.86–90.

⑭③ Andersen to Low E. Wing, June 3, 1905. RA.

⑭④ Andersen to Lewis Mustard, January 6, 1905. RA.

⑭⑤ *The North-China Herald and Supreme Court & Consular Gazette*, January 27, 1905, p.172.

⑭⑥ Andersen Paige, February 22, 1906. KB1, p.90. RA.

⑭⑦ Andersen to Kempffer, April 9, 1906.KB1, p.103. RA.

⑭⑧ Andersen to Lewis Mustard, September 24, 1906.KB1 p.126, RA.

⑭⑨ Linck, *Dansker*, p.62.

⑮⓪ Linck, *Dansker*, p.63.

⑮① Linck, *Dansker*, pp.99–100.

⑮② Linck, *Dansker*, p.63.

⑮③ Linck, *Dansker*, p.64.

第九章 一个新的时代（1911—1922）

① 安德森回归的日期在 1911 年 11 月 4 日的一封信中写得很明白："我已经回来两

周了。" Andersen to Harris, November 4, 1911. RA.

② Andersen to Jeffress, November 3, 1911. RA.

③ Andersen to Allen, November 6, 1911. RA.

④ "Rebels Take Shanghai", The New York Times, November 4, 1911, 3.

⑤ Andersen to Jeffress, November 3, 1911. RA.

⑥ "Rebels Take Shanghai", The New York Times, November 4, 1911, 3.

⑦ Andersen to Allen, November 6, 1911. RA.

⑧ Andersen to Allen, November 6, 1911. RA.

⑨ Andersen to Allen, November 6, 1911. RA.

⑩ Andersen to Jeffress, November 3, 1911. RA.

⑪ K.S. Liew. *Struggle for Democracy: Sung Chiao-jen and the 1911 Chinese Revolution* (Berkeley CA: University of California Press, 1971), pp.131 – 136.

⑫ Andersen to Allen, December 2, 1911. RA.

⑬ Andersen to Allen, December 2, 1911. RA.

⑭ Andersen to Harris, November 4, 1911. RA.

⑮ Andersen to Harris, November 4, 1911. RA.

⑯ Andersen to Roberts, April 25, 1912. RA.

⑰ Andersen to Roberts, April 25, 1912. RA.

⑱ Andersen to Harris, November 4, 1911. RA.

⑲ Andersen to Jeffress, November 3, 1911. RA.

⑳ Andersen to Roberts, April 25, 1912. RA.

㉑ Andersen to Roberts, April 25, 1912. RA.

㉒ Andersen to Roberts, April 25, 1912. RA.

㉓ Andersen to Roberts, April 25, 1912. RA.

㉔ Andersen to Roberts, April 25, 1912. RA.

㉕ Andersen to Wilson, April 13, 1912. RA.

㉖ Linda Pomerantz-Zhang, Wu *Tingfang (1842 – 1922): Reform and Modernization in Modern Chinese History*. Hong Kong: Hong Kong University Press, 1992, 186.

㉗ "Dr. Sun Yat-sen: Receptions in Shanghai", The North-China Herald and Supreme Court & Consular Gazette, April 20, 1912, 155.

㉘ Andersen to Lewis Mustard, April 18, 1912. RA.

㉙ Andersen to Harris, April 17, 1912. RA.

㉚ Andersen to Wilson, April 21, 1913. RA.

㉛ St. Piero Rudinger, *The Second Revolution in China: My Adventures of the Fighting around Shanghai, the Arsenal, Woosung Forts* (Shanghai: Shanghai Mercury, 1914), p.26. "Problem of the Refugees", The North-China Herald and Supreme Court & Consular Gazette, July 26, 1913, p.291.

㉜ Hugo Hergel, "Laurits Andersen fra Shanghai: Personlige Indtryk af Nationalmuseets Mæcen", ["Laurits Andersen from Shanghai: Personal Impressions of the National Museum's Patron"], Gads Danske Magasin, 1926, p.384.

㉝ "Nanking Relief Fund: Committee at Work", *The North-China Heraldand Supreme Court Consular Gazette*, September 20, 1913, 891. 唐默斯在中国提供紧急援助方面也曾与伍廷芳属同一委员会。"General China Famine Relief Committee 1911 – 1912", The North-China Herald and Supreme Court & Consular Gazette, October 21, 1911, p.167.

㉞ Andersen to Thomas, November 11, 1916. KB2, 121. RA. 伍廷芳在当月接受了担任外交部长的任命，参见 Pomerantz-Zhang, Wu Tingfang, p.242. 为西方人更为熟知的伍朝枢（C.C. Wu），确实曾被考虑过担任驻华盛顿大使的候选人，但最终则是顾维钧（Wellington Koo）当选，参见 Pomerantz-Zhang, Wu Tingfang, p.241。

㉟ Thomas, *Pioneer*, pp.48 – 49.

㊱ Thomas, *Pioneer*, p.202.

㊲ Andersen to Jeffress, June 17, 1916. KB2, 100. RA.

㊳ Andersen to Allen, March 31, 1916. KB2, 77. RA.

㊴Andersen to Manley, April 6, 1916. KB2, 84 – 85. RA. 尽管有安德森的建议，曼利最终还是选择了中国，在上海美国商会担任秘书长，并于 1928 年死于肺炎。"Obituaries'", *New York Times*, September1, 1928, p.7.

㊵ Andersen to Roberts, January 29, 1917. KB2, 136. RA.

㊶ Linck, *Dansker*, 64.

㊷ Olaf Linck, "En Danskers Eventyr i Østen", ["Adventures of a Dane in the East"], København, April 25, 1928, p.6.

㊸ Cochran, *Big Business*, p.52.

㊹ Cox, *Global*, 165. "The Tobacco Industry in China", The North-China Herald and Supreme Court & Consular Gazette, March 20, 1926, p.53.

㊺ SASS，2－C－41.

㊻ Andersen to BAT, May 22, 1916. KB2, 93. RA.

㊼ Andersen to Thomas, September 30, 1916. KB2, 117. RA.

㊽ Hutchison, *China Hand*, 215.

㊾ Andersen to Heyman, April 3, 1913. RA. 这封信是写给“菲利普·海曼先生”的。然而，这却显然是一个错误，因为该公司的创始人菲利普·伍尔夫·海曼于1983年便去世了。因此，实际的收信人可能是他的儿子艾格·海曼。

㊿ Thomas to Henry, May 26, 1914. Andersen to Jeffress, May 19, 1920. KB2, 290. RA.

(51) Andersen to Thomas, September 30, 1916. KB2, 117. RA.

(52) *North China Hong List*, 1916 edition.

(53) Andersen to Thomas, September 30, 1916. KB2, 117. RA.

(54) Andersen to Thomas, November 11, 1916. KB2, 121. RA.

(55)“从我到达之后的第二天起，杰弗瑞斯先生就一直陪伴着我们”，Andersen to Allen, February 3, 1921. KB2, 311. RA。安德森是于12月16日抵达上海，Andersen to Bourdette, December, 18, 1920. KB2, 299. RA。

(56) Andersen to Allen, February 3, 1921. KB2, 311. RA.

(57) Andersen to W.B. Allen, April 4, 1916. KB2, 82. RA.

(58) Andersen to Reid, June 22, 1921. KB2, 347. RA. See also Andersen to Lewis Mustard, April 18, 1912. KB1, 410. RA.

(59) Andersen to Thomas, New York, September 5, 1915. James Augustus Thomas papers, June 1915－December 1915, IX A&B, Duke University.

(60) See, for example, Andersen to Allen, February 1, 1915.

(61) 在1914年出版发行的《字林西报行名录》里，安德森被列为作大英烟公司董事。然而在1916年，他不再被列入董事会名单。

(62) Andersen to Jeffress, June 17, 1916. KB2, 99. RA. 然而，安德森在第二年确实仍从英美烟公司获得了某种季度收入。Andersen to BAT, November 30, 1917. KB2, 176. RA. Andersen to Jeffress, August 28, 1918. KB2, 192. RA.

(63) Andersen to Thomas, New York, September 5, 1915. James Augustus Thomas papers, June 1915－December 1915, IX A&B, Duke University. The letter was received by BAT in Shanghai on October 6, 1915.

(64) Thomas to Andersen, Shanghai, October 7, 1915. James Augustus Thomas papers, June 1915 – December 1915, IX A&B, Duke University.

(65) Andersen to Jeffress, June 17, 1916. KB2, 99. RA.

(66) Andersen to BAT, May 22, 1916. KB2, 92 – 94. RA. Andersen to BAT, July 15, 1916. KB2, 104 – 105. RA. Andersen to Jeffress, July 15, 1916. KB2, 106 – 107.

(67) Andersen to BAT, May 22, 1916. KB2, 93 – 94. RA.

(68) Andersen to Jeffress, July 15, 1916. KB2, 106 – 107. RA.

(69) Andersen to BAT, July 15, 1916. KB2, 104 – 105. RA. Andersen to BAT, November 30, 1916. KB2, 125 – 126. RA.

(70) Andersen to Reid, June 22, 1921. KB2, 347. RA.

(71) Andersen to Jeffress, December 2, 1921. KB2, 368. RA.

(72) Andersen to Mustard & Co., March 27, 1922. KB2, 376. RA.

(73) Andersen to Jeffress, January 28, 1920. KB2, 258. RA.

(74) Andersen to Jeffress, June 17, 1916. KB2, 99. RA.

(75) Cox, *Big Business*, pp.118 – 119.

(76) Andersen to Moore & Schley, July 5, 1912.

(77) Andersen to Jeffress, August 6, 1912.

(78) Andersen to Allen, November 19, 1919. KB2, 249. RA.

(79) Andersen to Jeffress, November 19, 1919. KB2, 250. RA.

(80) Andersen to Rhett, May 13, 1920. KB2, 284. RA.

(81) Andersen to Thomas, September 4, 1919. KB2, 231. RA.

(82) Andersen to Moore & Schley, December 30, 1920. KB2, 304. RA.

(83) Andersen to Jeffress, August 28, 1918. KB2, 192. RA.

(84) Andersen to Allen, February 1, 1915.

(85) Andersen to Thomas, San Francisco, June 17, 1915. James Augustus Thomas papers, June 1915 – December 1915, IX A&B, Duke University.

(86) Andersen to Thomas, San Francisco, June 17, 1915. James Augustus Thomas papers, June 1915 – December 1915, IX A&B, Duke University.

(87) Andersen to Thomas, San Francisco, June 17, 1915. James Augustus Thomas papers, June 1915 – December 1915, IX A&B, Duke University.

(88) Thomas to Andersen, 15 May, 1915. Thomas to Hill, May 17, 1915. James Augustus

Thomas papers, June 1915 – December 1915, IX A&B, Duke University.

⑧⑨ Andersen to Jeffress, January 28, 1920. KB2, 259. RA.

⑨⓪ Andersen to Bourdette, December 18, 1920. KB2, 299. RA.

⑨① Andersen to McElroy, January 28, 1921. KB2, 308. RA.

⑨② Linck, *Dansker*, p.57.

⑨③ Andersen to Wilson, July 18, 1918. KB2, 189. RA.

⑨④ Andersen to Heyman, April 3, 1913. RA.

⑨⑤ Andersen to Lewis Mustard, May 11, 1914.

⑨⑥ Andersen to Thomas, April 23, 1913. Andersen's journey is also mentioned in Thomas to Williams, March 13, 1913.

⑨⑦ Andersen to Strong & Trowbridge, January 29, 1917. KB2, 138. RA. Andersen to Hood, March 6, 1917. KB2, 139. RA.

⑨⑧ "Passengers", *The North-China Herald and Supreme Court & Consular Gazette*, March 10, 1917, p.547.

⑨⑨ Linck, *Dansker*, 64.

⑩⓪ Andersen to Lawrie-Smith, January 25, 1912. RA.

⑩① Andersen to Harris, April 17, 1912. RA.

⑩② Andersen to Jeffress, December 2, 1921. KB2, 368. RA.

⑩③ Andersen to Thomas, September 4, 1919. KB2, 232. RA.

⑩④ Andersen to Concordia, November 24, 1917. KB2, 175. RA.

⑩⑤ Andersen to Jeffress, September 26, 1919. KB2, 239. RA.

⑩⑥ Andersen to Roberts, January 29, 1917. KB2, 136. RA.

⑩⑦ Andersen to Wilson, July 18, 1918. KB2, 190. RA.

⑩⑧ Andersen to Jeffress, August 28, 1918. KB2, 193. RA.

⑩⑨ Andersen to Wilson, May 22, 1919. KB2, 218. RA.

⑪⓪ Andersen to Wilson, June 23, 1921. KB2, 350. RA.

⑪① Andersen to Wilson, April 21, 1913.

⑪② Andersen to Wilson, July 18, 1918. KB2, 189. RA.

⑪③ Andersen to Wilson, June 23, 1921. KB2, 350. RA.

⑪④ Andersen to Thomas, April 23, 1913.

⑪⑤ Andersen to Thomas, November 11, 1916. KB2, 122. RA.

⑯ Andersen to Allen, March 31, 1916. KB2, 75. RA. Andersen to Hughes, August 11, 1916, KB2, 110. RA.

⑰ Andersen to Thomas, September 30, 1916. KB2, 116. RA.

⑱ Andersen to Thomas, September 4, 1919. KB2, 231. RA.

⑲ Andersen to Robert, September 2, 1918. KB2, 195. RA.

⑳ Andersen to Thomas, September 4, 1919. KB2, 231. RA.

㉑ Andersen to Jeffress, September 26, 1919. KB2, 238. RA.

第十章　赞助者（1922—1928）

① Linck, *Dansker*, p.80.

② Linck, *Dansker*, p.80.

③ Andersen to Wilson, December 28, 1922. KB2, 401. RA.

④ Andersen to Powell, November 22, 1922. KB2, 398. RA. Andersen to Jeffress, January 2, 1923. KB2, 403. RA.

⑤ Andersen to Jeffress, January 2, 1923. KB2, 404. RA.

⑥ Andersen to Jeffress, January 2, 1923. KB2, 403. RA.

⑦ Andersen to Hughes, January 18, 1923. KB2, 405. RA.

⑧ Andersen to Stewardson & Spense, June 18, 1924. KB2, 434. RA.

⑨ Andersen to Wilson, December 28, 1922. KB2, 400. RA.

⑩ Linck, *Dansker*, p.51.

⑪ Linck, *Dansker*, p.21.

⑫ Linck, *Dansker*, pp.73-74.

⑬ Andersen to Cercle Sportif Francais, June 21, 1923. KB2, 416. RA.

⑭ "Passengers", *The North-China Herald and Supreme Court & Consular Gazette*, June 30, 1923, p.926.

⑮ "Grand Hotel (Yokohama)", *Japan Times & Mail*, July 2, 1923, p.12.

⑯ 若将"波托斯号"上的乘客名单与横滨格兰大酒店登记入住的客人进行比较，则会发现除了安德森本人之外，没有任何其他的重叠。"Passengers", The North-China Herald and Supreme Court & Consular Gazette, June 30, 1923, p. 926. "Grand Hotel (Yokohama)", Japan Times & Mail, July 2, 1923, p.12.

⑰ "Yokohama", *Japan Times & Mail*, July 10, 1923, 8.

⑱ Linck, *Dansker*, p.77. Andersen to Hongkong & Shanghai Banking Corp., September 24, 1923. KB2, 418. RA.

⑲ "Yokohama", Japan Times & Mail, July 10, 1923, 8.

⑳ A. Hamish Ion, *The Cross and the Rising Sun: The Canadian Protestant Missionary Movement in the Japanese Empire, 1872 – 1931* (Waterloo: Wilfrid Laurier University Press, 2009), p.108.

㉑ Andersen to Hongkong Shanghai Banking Corp., September 24, 1923. KB2, 418. RA.

㉒ Linck, *Dansker*, p.74.

㉓ Linck, *Dansker*, p.75.

㉔ Joshua Hammer, "The Great Japan Earthquake of 1923", *Smithsonian Magazine*, May 2011.

㉕ Linck, *Dansker*, p.77.

㉖ Linck, *Dansker*, p.78. 另可参见: Hergel, "Andersen", p.381。

㉗ Linck, *Dansker*, p.79.

㉘ Linck, *Dansker*, p.79.

㉙ Hergel, "Andersen", p.381.

㉚ Linck, *Dansker*, p.79.

㉛ Linck, *Dansker*, p.117.

㉜ Linck, *Dansker*, p.117.

㉝ Linck, *Dansker*, pp.114 – 115.

㉞ Linck, *Dansker*, p.13.

㉟ Hergel, "Andersen", p.384.

㊱ Andersen, *Selvbiografi*.

㊲ "Death of the Danish Consul-General", *The North-China Herald and Supreme Court & Consular Gazette*, October 11, 1924, 63.

㊳ Andersen to BAT, March 30, 1921. KB2, 322. RA. Andersen to Jeffress, January 28, 1920. KB2, 258. RA.

㊴ Andersen to Moore & Schley, December 31, 1919. KB2, 254. RA.

㊵ Linck, "En Danskers Eventyr", p.6.

㊶ Andersen to Moore & Schley, November 21, 1919. KB2, 251. RA.

㊷ Andersen to Moore & Schley, November 29, 1919. KB2, 252. RA.

㊸ Andersen to Moore & Schley, December 31, 1919. KB2, 254. RA.

㊹ Olaf Linck, "Danskere under alle Himmelstrøg. Et Besøg hos Nationalmuseets Velgører, Cigaretkongen Laurits Andersen i Shanghai", *Social-Demokraten*, December 28, 1926, p.6.

㊺ Svend Langkjaer, "Laurits Andersens Levnedsleb", ["Laurits Andersen's Life"], Politiken, March 6, 1931, 11.

㊻ "Betænkning over Forslag til Lov om Nationalmuseets Bygningsforhold", ["Report on proposed law on renovation of the National Museum"], *Tillaeg B til Rigsdagstidende: Udvalgenes Betænkninger m. M. 8ode Ordentlige Samling, 1927 - 28* (Copenhagen: Schultz, 1928), pp.624 - 625.

㊼ "Betænkning over Forslag til Lov om Nationalmuseets Bygningsforhold", p.619.

㊽ Carl Oluf Gjerlov-Knudsen, *Nationalmuseet - beliggenhedsforslag* [National Museum: Proposed locations]. Copenhagen, 1925.

㊾ "Museumssagen skal loses", ["The Museum issue must be solved"], Politiken, February 6, 1925, p.7.

㊿ Langkjær, "Laurits Andersens Levnedsløb", p.12.

㉑ "Da man foreslog at laegge Nationalmuseet i Oresund" ["When it wasproposed to place the National Museum in the Sound"], Politiken, May17, 1938, p.8.

㉒ Linck, *Dansker*, p.14.

㉓ "Da man foreslog at laegge Nationalmuseet i Oresund", p.8.

㉔ *Dansk Biografisk Leksikon*.

㉕ Karna Birk-Grønbech, "Nationalmuseet", Bornholms Avis og Amtstidende, February 5, 1931, p.1. 这一解释目前来说还是可靠的，因为安德森本人所言缺乏一定的一致性，例如，他曾告诉过一位记者，他在与前丹麦驻上海总领事乐思劳的谈话中宣布了要向国家博物馆捐赠大笔资金的决定。然而，这却令人难以置信，因为乐思劳在 1924 年已经去世了，也就是博物馆筹款发起的前一年。Linck, "*Danskere*", p.6.

㉖ Karna Birk-Grønbech, "Oiesen-Laur. Andersen og Nationalmuseet" ["Oiesen, Laur. Andersen and the National Museum"], Bornholms Avis og Amtstidende, May 25, 1938, p.1.

㉗ Poul Nørlund, "Laurits Andersen: Nationalmuseets Velgerer-en Hundredaarsdag", ["Laurits Andersen: The Benefactor of the National Museum, a Centenary"], Berlingske Tidende, August 6, 1949, p.1.

㉘ "Da man foreslog at lægge Nationalmuseet i Øresund", Politiken, May 17, 1938, p.8.

(59) Nørlund, "Laurits Andersen: Nationalmuseets Velgører-en Hundredaarsdag", p.1.

(60) Nørlund, "Laurits Andersen: Nationalmuseets Velgører-en Hundredaarsdag", p.1.

(61) Linck, *Dansker*, pp.13 - 14.

(62) "Er Millionen ikke sikker?" ["Is the Million Not Safe?"], Social-Demokraten, December 29, 1926, p.1.

(63) "Er Millionen ikke sikker?", p.1; Langkjær, "Laurits Andersens Levnedslob", p.12.

(64) Andersen to Macnaughten, October 18, 1926. RA.

(65) "Laurits Andersen i Shanghai", Aarhuus Stiftstidende, July 3, 1926, 5.

(66) Linck, "Dansker", p.6.

(67) "Er Millionen ikke sikker?" Social-Demokraten, December 29, 1926, p.1.

(68) "King Christian's Birthday", The North-China Herald and Supreme Court & Consular Gazette, October 2, 1926, p.18.

(69) "Ny Kommandor af Dannebrog", ["New Commander of the Dannebrog"], National tidende, August 5, 1926, p.6.

(70) Linck, *Dansker*, p.16.

(71) Kama Birk-Grønbech, "Nationalmuseet", Bornholms Avis og Amtstidende, February 5, 1931, p.1.

第十一章　死亡与遗产（1928—　）

① Report from Langkjær, April 16, 1928. RA. Svend Langkjær to Oiesen, April 30, 1928. RA.

② Svend Langkjær to Oiesen, April 30, 1928. RA.

③ Olaf Linck, "En Danskers Eventyr", 6.

④ Andersen to BAT, January 10, 1927. RA.

⑤ Andersen to Anders V. Jensen, November 21, 1927. Private collection.

⑥ Andersen to Anders V. Jensen, November 21, 1927. Private collection.

⑦ Meyer to Langkjaer, April 25, 1928. RA.

⑧ Andersen to Bourdette, September 9, 1926. RA.

⑨ "Brutal Murder in Shanghai", The North-China Herald and Supreme Court & Consular Gazette, December 20, 1924, 492.

⑩ Andersen to Anders V. Jensen, November 21, 1927. Private collection.

⑪ Hauch-Fausbøll, "Lauritz Andersens Slægt" ["Laurits Andersen's Family"], Politiken, April 17, 1928, p.3.

⑫ Andersen to Anders V. Jensen, November 21, 1927. Private collection.

⑬ *Rigsdagstidende. Forhandlingerne i Folketinget i Rigsdagens 8ode Ordentlige Samling 1927-28*, vol.2 [Record of Proceedings in the Lower House of the DanishParliament, 8oth Session 1927-28] (Copenhagen: Schultz, 1928), pp.5550-5552.

⑭ *Rigsdagstidende. Forhandlingerne i Landstinget i Rigsdagens 8ode Ordentlige Samling 1927-28* [Record of Proceedings in the Upper House of the Danish Parliament, 8oth Session 1927-28] (Copenhagen: Schultz, 1928), p.1412.

⑮ "High Honors Are Paid at Bier of Late Claus Laurits Andersen: Danish Consul-General Speaks", The China Press, April 20, 1928, p.3. See also SvendLangkjaer to Oiesen, April 30, 1928. RA.

⑯ Svend Langkjaer to Anders V. Jensen, April 13, 1928. Private collection.

⑰ Report from Svend Langkjaer, April 16, 1928. RA.

⑱ Svend Langkjær to Heuckendorff, May 17, 1928. RA.

⑲ Shanghai Municipal Council, *Medical Certificate of Death*, April 17, 1928.

⑳ C.A.C. Brun to Anna H. de Hess, July 31, 1928. RA.

㉑ Svend Langkjaer to Heuckendorff, May 17, 1928. RA.

㉒ Svend Langkjaer to Oiesen, April 30, 1928. RA.

㉓ C.A.C. Brun to Anna H. de Hess, July 31, 1928. RA.

㉔ Alex Larsen to Meyer, April 18, 1928. RA.

㉕ København, April 17, 1928, 5.

㉖ "Lauritz Andersen i Shanghai død!", ["Laurits Andersen in Shanghai Has Died!"], Politiken, April 17, 1928, 3.

㉗ Landstingssekretariatet, Oversigt over Forhandlingerne i Folketinget i Rigsdagens 8ode Ordentlige Samling 1927-28 (København: Schultz, 1928), p.v. *Salmonsens konversationsleksikon* [Salomonsen's Encyclopaedia] Anden Udgave, Bind XXVI: Supplement: A-Oyslebe, p.602.

㉘ "Lauritz Andersen i Shanghai død!", p.3.

㉙ København, April 17, 1928, p.5.

㉚ "High Honors Are Paid at Bier of Late Claus Laurits Andersen: Danish Consul-General Speaks", The China Press, April 20, 1928, p.3.

㉛ C. Martin Wilbur, *The Nationalist Revolution in China*, 1923 – 1928（Cambridge：Cambridge University Press, 1983），pp.189 – 190.

㉜ "Lauritz Andersens Millioner"［"Laurits Andersen's Millions"］, Politiken, August 22, 1928, p.3.

㉝ "Stifteren af Laurits Andersens Millionfond"［"The man behind the Laurits Andersen Foundation"］, København, August 3, 1949, p.7.

㉞ "Da man foreslog at lægge Nationalmuseet i Øresund", p.8.

后　　记

① Andersen to Arthur & Bond, December 16, 1916. KB2, 129. RA.

② Andersen to Jeffress, February 24, 1920. KB2, 265. RA. The term "celestial" was occasionally used in jest to refer to the Chinese.

③ Dolgorouckoff to Brun, July 27, 1928. RA.

④ Hergel, "Andersen", p.381.

⑤ Andersen to Fearon, March 19, 1915. KB2, 57. RA.

⑥ Birk-Gronbech, "Nationalmuseet", p.1.

⑦ Andersen to Thomas, San Francisco, June 17, 1915. James Augustus Thomas papers, June 1915 – December 1915, IX A&B, Duke University.

⑧ Andersen to Godsey, July 8, 1909. KB1, 247. RA.

⑨ Linck, "Danskers Eventyr", p.6.

⑩ Andersen to Wilson, March 8, 1906. KBi, 92. RA.

⑪ Andersen to Thomas, September 30, 1916. KB2, 118. RA.

⑫ Andersen to Kingsley, May 19, 1916. KB2, 89. RA.

⑬ Andersen to Hughes, August 11, 1916. KB2, 109. RA.

⑭ Andersen to Wilson, May 22, 1919. KB2, 218. RA.

⑮ 在一封信中，丹麦的一个地址为"122 Strandayin, Hellerup"。而正确的拼写应该是"Strandvejen"，"Strandayin"则是非丹麦人可能会犯的拼写错误，是根据安德森的发音而猜测的一种拼写。Andersen to Allen, July 3, 1919. KB2, 221. RA.

⑯ Andersen to Jeffress, May 12, 1906. KB1, 105. RA. Edward Wheely was the senior manager in charge of Dent & Co. in Shanghai.

⑰ Andersen to Dantin, May 30, 1916. KB2, 95. RA.

⑱ Andersen to Pirie, March 31, 1919. KB2, 208. RA.

⑲ Andersen to Pirie, September 29, 1919. KB2, 242. RA.

⑳ Andersen to Paige, September 24, 1906. KB1, 124. RA.

㉑ Andersen to Godsey, July 8, 1909. KB1, 247. RA.

㉒ Andersen to Jeffress, June 17, 1916. KB2, 100. RA.

㉓ Andersen to Moore & Schley, July 28, 1919. KB2, 224. RA.

㉔ Andersen to Main, November 1, 1917. KB2, 172. RA.

㉕ 在1919年的圣诞节期间，它的总价值为3 000丹麦朗克。Andersen to Allen, September 23, 1919. KB2, 234. RA. Andersen to Jeffress, September 27, 1919. KB2, 240. RA.

㉖ Andersen to Wilson, May 22, 1919. KB2, 218. RA.

㉗ 当时，一个名为福布斯（A.S. Fobes）的人经常出现在上海的报纸上，例如，作为中国面粉厂的股东之一。"Meeting. The China Flour Mill Co.", The North-China Herald and Supreme Court & Consular Gazette, March 13, 1908, p.609.

㉘ Andersen to Lewis Mustard, January 7, 1907. KB1, 143. RA.

㉙ Linck, "Danskers Eventyr", p.6.

㉚ Linck, "Danskers Eventyr", p.6.

参 考 文 献

Books and other published works

Abshire, Jean E. *The History of Singapore*. Santa Barbara CA: Greenwood, 2011.

Andersen, Claus Laurits. *Claus Laurits Andersens Selvbiografi* (*Claus Laurits Andersen's Autobiography*). Copenhagen: Ordenskapitlet 1921.

Beale, Howard K. *Theodore Roosevelt and the Rise of America to World Power*. Baltimore: The Johns Hopkins Press, 1956.u uuu

Benedict, Carol. *Golden-Silk Smoke: A History of Tobacco in China, 1550 – 2010*. Berkeley CA: University of California Press, 2011.

Bramsen, Christopher Bo. *Generaldirektøren. Vilhelm Meyer—en dansk forretningsmands liv i Kina*. Copenhagen: Gad, 1993. (English version: *Open Doors: Vilhelm Meyer and the Establishment of General Electric in China*. Richmond: Curzon Press, 2001.)

Bramsen, Christopher Bo. *Peace and Friendship: Denmark's Official Relations with China 1674 – 2000*. Copenhagen, Nordic Institute of Asian Studies, 2000.

Bricka, C. F. *Dansk Biografisk Lexikon* (*Danish Biographical Dictionary*). Copenhagen: Gyldendalske Boghandels Forlag, 1887 – 1905.

Chandler, Alfred D. *The Visible Hand: The Managerial Revolution in American Business*. Cambridge MA: Belknap Press, 1977.

Chronicle and Directory for China, Japan and the Philippines. Hong Kong: Daily Press, forskellig årgange.

Cochran, Sherman. *Big Business in China: Sino-Foreign Rivalry in the Cigarette Industry*,

1890 – 1930. Cambridge MA: Harvard University Press, 1980.

Cox, Howard. *The Global Cigarette: Origins and Evolution of British American Tobacco, 1880 – 1945*. Oxford: Oxford University Press, 2000.

Cox, Howard. "Learning to Do Business in China," *Business History*, nr. 39 (juli 1997).

Crisswell, Colin N. *The Taipans: Hong Kong's Merchant Princes*. Oxford: Oxford University Press, 1981.

Davids, Jules (red.). *American diplomatic and public papers, the United States and China: Series 2, the United States, China, and imperial rivalries, 1861 – 1893*. Wilmington, DE: Scholarly Resources, 1979.

Dobson, Richard P. *China Cycle*. London: Macmillan, 1945.

Drucker, P. "The discipline of innovation", *Harvard Business Review* vol. 8, nr. 1 (2002).

Durden, Robert F. *The Dukes of Durham*. Durham NC: Duke University Press, 1987.

Easton, Robert. *Guns, Gold, and Caravans: The Extraordinary Life and Times of Fred Meyer Schroder*. Santa Barbara CA: Capra Press, 1978.

Eickhoff, Gottfried. *Af Mit Livs Erindringer* (*Memoirs*). Copenhagen: H. Erbs Bogtrykkeri, 1923.

Eskildsen, Robert. "Suitable Ships and the Hard Work of Imperialism: Evaluating the Japanese Navy in the 1874 Invasion of Taiwan," *Asia Bunkakenkyu*, vol. 38 (2012).

Eskildsen, Robert (red.). *Foreign Adventurers and the Aborigines of Southern Taiwan, 1867 – 1874: Western Sources Related to Japan's 1874 Expedition to Taiwan*. Taipei: Academia Sinica, 2005.

Faber, Tobias. *Copenhagen før, nu og—aldrig* (*Copenhagen Past, Present and—Never*). Copenhagen: Fogtdal, 1987.

Field, James A. *History of United States Naval Operations: Korea*. Washington DC: US Government Printing Office, 1962.

Fisk, Catherine L. *Working Knowledge: Employee Innovation and the Rise of Corporate Intellectual Property, 1800 – 1930*. Chapel Hill NC: University of North Carolina Press, 2009.

Fondet: Organ for Prins Valdemars og Prinsesses Maries Fond (*The Foundation: Periodical of the Prince Valdemar and Princess Marie Foundation*). Randers, n.d.

Fraleigh, Matthew. "Japan's First War Reporter: Kishida Ginkō and the Taiwan Expedition,"

Japanese Studies, vol. 30, nr. 1 (maj 2010): 43-66.

Generalstaben. *Den dansk-tydske Krig i Aarene 1848 – 50 (The Danish-German War of 1840 – 1850)*. Copenhagen: J. H. Schultz's Bogtrykkeri, 1882.

Glahn, H. E. *Mindeord om Laurits Andersen (Laurits Andersen in Memoriam)*. Copenhagen: Laurits Andersens Fond, 1949.

Haviland, Edward Kenneth. "Early Steam Navigation in China: Hong Kong and the Canton River", *American Neptune*, vol. 22, nr. 1 (1962): 5-43.

He, J. et al., "A GIS-Based Cultural Heritage Study Framework on Continuous Scales: A Case Study on 19th Century Military Industrial Heritage", The International Archives of the Photogrammetry, Remote Sensing and Spatial Information Sciences, Volume XL – 5/W7, 2015. 25th International CIPA Symposium, 2015, 31. august—4. september 2015, Taipei, Taiwan.

He Sibing. "Russell and Company in Shanghai, 1843 – 1891: U. S. Trade and Diplomacy in Treaty Port China", paper ved konference "A Tale of Ten Cities: Sino-American Exchange in the Treaty Port Era, 1840 – 1950—An Interdisciplinary Colloquium", Hong Kong University, 23.-24. maj 2011.

Holloway, Paula Schwartz. "Robert West Mustard: An American Merchant in Shanghai, 1865 – 1900," *Delaware History*, vol. XXII, nr. 2 (1986): 63-98.

Huang Guangyu. "Jinshi bai dayanghang zhi" ["List of 100 major foreign companies from the past century"] i *Jindaiziliao (Modern Historical Sources)*, nr. 81 (1992).

Hunt, Michael A. "Americans in the China Market: Economic Opportunities and Economic Nationalism, 1890s – 1931", *Business History Review*, nr. 51 (1977): 277-307.

Hutchison, James Lafayette. *China Hand*. Boston: Lothrop, Lee and Shepard, 1936.

Hvidt, Kristian. *Flugten til Amerika eller Drivkræfter i masseudvandringen fra Danmark 1868 – 1914 (The Escape to America or Driving Forces in the Mass Emigration from Denmark 1868 – 1914)*. Aarhus: Universitetsforlaget i Aarhus, 1971.

Ion, A. Hamish. *The Cross and the Rising Sun: The Canadian Protestant Missionary Movement in the Japanese Empire, 1872 – 1931*. Waterloo: Wilfrid Laurier University Press, 2009.

Isaacson, W. *The Innovators: How a Group of Hackers, Geniuses, and Geeks Created the Digital Revolution*. New York NY: Simon and Schuster, 2014.

Jacobsen, Hans Henrik. "*Fast i Nød*": *Fynske Livregiment 1614 – 1964* ("Determined in

Adversity": The Funen Regiment 1614 – 1964). Odense: Fynske Livregiment, 1964.

J.G.A. Eickhoff Maskinfabrik Copenhagen V (J.G.A. Eickhoff Machine Works, Copenhagen V). Copenhagen: Nordlundes Bogtrykkeri, 1948.

Johansen, Jens. Fortællinger af 4. Bataillons Krigshistorie 1614 – 1914 (Stories from the Combat History of the 4th Battalion 1614 – 1914). Copenhagen: Krigsministeriet, 1914.

Johansson, F. "When success is born out of serendipity", Harvard Business Review, vol. 18 (2012).

Kobayashi, Masaaki. "Japan's Early Industrialization and the Transfer of Government Enterprises: Government and Business", Japanese Yearbook of Business History, nr. 2 (1985): 54 – 79.

Kwan Man Bun. The Salt Merchants of Tianjin Book Subtitle: State-Making and Civil Society in Late Imperial China. Honolulu HI: University of Hawai'i Press, 2011.

Lethbridge, H.J. "Conditions of the European Working Class in Nineteenth Century Hong Kong". Journal of the Hong Kong Branch of the Royal Asiatic Society, vol. 15 (1975): 88 – 112.

Leung, Edwin Pak-Wah. "The Quasi-War in East Asia: Japan's Expedition to Taiwan and the Ryūkyū Controversy", Modern Asian Studies, vol. 17, nr. 2 (1983): 257 – 281.

Liew, K.S. Struggle for Democracy: Sung Chiao-jen and the 1911 Chinese Revolution. Berkeley CA: University of California Press, 1971.

Lim, Patricia. Forgotten Souls: A Social History of the Hong Kong Cemetery. Hong Kong: Hong Kong University Press, 2011.

Linck, Olaf. En Dansker i Østen: Laurits Andersens Livs Eventyr (A Dane in the East: The Fairy Tale of Laurits Andersen's Life). Copenhagen: Gyldendalske Boghandel, 1927.

Olaf Linck, "En Danskers Eventyr i Østen" ("Adventures of a Dane in the East"), København, 25. april 1928.

Liu Kwang-ching. Anglo-American Steamship Rivalry in China, 1862 – 1874. Cambridge, MA: Harvard University Press, 1962.

Liu Kwang-ching. "Li Hung-chang in Chihli: The Emergence of a Policy, 1870 – 1875", i Samuel C. Chu og Kwang-ching Liu (red.). Li Hung-chang and China's Early Modernization. Armonk NY: M. E. Sharpe, 1994.

Lorence, James C. "Business and Reform: The American Asiatic Association and the Exclusion Laws, 1905 – 1907." Pacific Historical Review, nr. 39 (1970): 421 – 438.

McNerney, J. et al. "Role of design complexity in technology improvement", *Proceedings of the National Academy of Sciences* 108 (2011).

Morthensen, Eiler. *Træk fra mit liv og tjeneste (Outlines of My Life and Service)*. Skjern: Eget forlag, 1947.

Münter, Balthasar. *Nogle Erindringer (Memoirs)*. Copenhagen: Gyldendalske Boghandel, 1915.

Parker, Lee og Ruth Dorval Jones. *China and the Golden Weed*. Ahoskie NC: The Herald Publishing Company, 1976.

Perez, Louis G. *Japan at War: An Encyclopedia*. Santa Barbara CA: ABCCLIO, 2013.

Perry, Matthew C. *The Japan Expedition, 1852 – 1854: The Personal Journal of Commodore Matthew C. Perry*. Redigeret af Roger Pineau. Washington, DC: Smithsonian Institution Press, 1968.

Pomerantz-Zhang, Linda. *Wu Tingfang (1842 – 1922): Reform and Modernization in Modern Chinese History*. Hong Kong: Hong Kong University Press, 1992.

Rosenman, M. "Serendipity and scientific discovery", *Research in Urban Economics*, vol. 13 (2001).

Rudinger, St. Piero. *The Second Revolution in China: My Adventures of the Fighting around Shanghai, the Arsenal, Woosung Forts*. Shanghai: Shanghai Mercury, 1914.

Schmidt, Vera. *Aufgabe und Einfluss der europäischen Berater in China: Gustav Detring (1842 – 1913) im Dienste Li Hung-changs*. Wiesbaden: Otto Harrassowitz, 1984.

Smith, Frederick Porter. *Contributions towards the Materia Medica & Natural History of China for the Use of Medical Missionaries & Native Medical Students*. Shanghai: American Presbyterian Mission Press, 1871.

Smith, Richard J. Smith. "Li Hung-chang's Use of Foreign Military Talent: The Formative Period 1862 – 1874", i Samuel C. Chu og Kwang-ching Liu (red.). *Li Hung-chang and China's Early Modernization*. Armonk NY: M. E. Sharpe, 1994.

Steensen, R. Steen. *Vore Panserskibe 1863 – 1943 (Our Armored Vessels 1863 – 1943)*. Copenhagen: Marinehistorisk Selskab, 1968.

Tennant, Richard B. *The American Cigarette Industry*. New Haven: Yale University Press, 1950.

Thomas, James A. *A Pioneer Tobacco Merchant in the Orient*. Durham NC: Duke University Press, 1928.

Tyson, Carolyn A. *Marine Amphibious Landing in Korea, 1871*. US Marine Corps, u.å.

United States Bureau of Corporations. *Report of the Commissioner of Corporations on the Tobacco Industry*. Washington DC: Government Printing Office, 1915.

United States Department of State. *The executive documents printed by order of the House of Representatives during the second session of the forty-second Congress. 1871 - '72*. Washington DC: Government Printing Office, 1872.

Walker, Fred M. *Ships and Shipbuilders: Pioneers of Design and Construction*. Barnsley: Seaforth Publishing, 2010.

Wang, Chia-chien. "Li Hung-chang and the Peiyang Navy" i Samuel C. Chu og Kwang-ching Liu (red.). *Li Hung-chang and China's Early Modernization*. Armonk NY: M. E. Sharpe, 1994.

Wibur, C. Martin. *The Nationalist Revolution in China, 1923 - 1928*. Cambridge: Cambridge University Press, 1983.

Wu, Shellen Xiao. *Empires of Coal: Fueling China's Entry Into the Modern World Order, 1860 - 1920*. Stanford CA: Stanford University Press, 2015.

Zhongguo jindai jianting gongye shiliaoji [*Historisk dokumentsamling for Kinas orlogsværfter i nyere tid*]. Shanghai: Shanghai Renmin Chubanshe, 1994.

Webpages

www.clydeships.co.uk

www.kobenhavnshistorie.dk

www.who.int

Newspapers, periodicals

Aarhus Stiftstidende

Berlingske Tidende

Bornholms Avis og Amtstidende

China Press, The

Dagbladet

Dagens Nyheder

Dags-Telegraphen

Engineer, The

Folkets Avis

Fædrelandet

Gads Danske Magasin

Hong Kong Daily Press, The

Japan Times & Mail

Lolland-Falsters Stifts-Tidende

New York Times, The

North-China Herald and Supreme Court & Consular Gazette

Politiken

Sarawak Gazette

Smithsonian Magazine

Social-Demokraten

Straits Times

Straits Times Overland Journal

Tokyo Nichi Nichi Shimbun

Week, The

Ying Mei Yien Kung Ssu Yue Pao [British American Tobacco Co. Månedstidsskrift]

ARCHIVAL MATERIALS

DANISH ARCHIVES

Rigsarkivet (National Archives)

2 – 2035 Shanghai, consular archives, 1925 – 1961 Gruppeordnede sager (aflev. 1963), 26 R15. Including Laurits Andersens copy books for the years 1904 to 1927.

Erhvervsarkivet (Business Archives)

01024 J.G.A. Eickhoff A/S, Lønningsbog 1857 – 1863 og Lønningsbog 1864 – 1867.

Censuses

Gentofte, 1880.

Skårup, 1834, 1845.

Tikøb, 1850.

Øster kvarter, Copenhagen, 1880.

Parish registers

Garnisons Kirkes Kirkebog.

Tikøb Kirkebog.

Kirke Stillinge Kirkebog.

Landsarkivet for Sjælland（Regional archive for Zealand）

Teknisk Instituts Elevprotokol 1863 – 1868.

Copenhagens Tekniske Skole, 1844 – 1970 Elevprotokol.

Lægdsruller（Conscription registers）

Sorø county.

ARCHIVES IN OTHER COUNTRIES

David M. Rubenstein Rare Book & Manuscript Library, Duke University

Richard Harvey Wright Papers.

Edward James Parrish Papers.

James Augustus Thomas Papers.

Delaware Historical Society

Mustard Family Papers.

Library of Congress Manuscript Division

Theodore Roosevelt Papers.

Shanghai Academy of Social Sciences

British American Tobaccos arkiv.

State Archives of North Carolina

Bonsack Machine Company Papers.

出 版 说 明

近代以来，许多外国人来到中国工作、旅游，甚至定居，他们或多或少成为中国近代史的亲历、亲见和亲闻者，留下了大量相关文字记录和图像记录，对研究中国近代史有着重要的历史价值。

本书主人公劳里茨·安德森来华的58年里，曾先后担任了北洋水师大沽船坞的工程师、老晋隆洋行经理、英美烟公司在华高级经理和股东，并将机制香烟引入中国市场，参与英美烟在华公司的早期组建，对中国近代烟草行业发展形成了重要的影响。

以安德森为代表的部分来华生活、工作的西方人，他们囊空如洗地来到中国闯荡，凭借自己的勇敢坚韧，以及善于抓住历史机遇的特点，发展了自己的事业，成为近代史上某些传奇故事。我们要看到，他们的成功一方面离不开本身的优秀品质和性格，另一方面也源于近代不平等的历史环境。

限于传主本身的认识局限以及其所处的时代的局限，本书包含部分对于当时中国人的文化偏见，作为历史研究资料，编者对这些表述均予以保留，读者须批判使用。同时，因中外文化差异以及传主本身记忆偏差，本书存在一些讹误，译者和编者已尽已所能在注释中说明，仍不免水平有限，若有缺漏，还盼方家指正。

出版方：上海社会科学院出版社

2023 年 2 月

图书在版编目(CIP)数据

劳里茨·安德森：中国通、企业家和赞助者／（丹）何铭生（Peter Harmsen）著；蒋芳芳，周丰译．—上海：上海社会科学院出版社，2023
 书名原文：Laurits Andersen：China Hand, Entrepreneur, Patron
 ISBN 978-7-5520-3965-8

Ⅰ.①中… Ⅱ.①何… ②蒋… ③周… Ⅲ.①劳伦斯·安德森—生平事迹 Ⅳ.①K835.345.38

中国版本图书馆 CIP 数据核字(2022)第 174096 号

LAURITS ANDERSEN：China Hand, Entrepreneur, Patron
Copyright © 2020 Peter Harmsen & Lindhardt og Ringhof Forlag A/S
Simplified Chinese Edition Copyright © 2022 by Shanghai Academy of Social Sciences Press
All Rights Reserved
版权登记号：09-2022-0767

劳里茨·安德森：中国通、企业家和赞助者

[丹]何铭生（Peter Harmsen）/著 蒋芳芳 周 丰/译
责任编辑：章斯睿
封面设计：黄婧昉
出版发行：上海社会科学院出版社
　　　　　上海顺昌路 622 号　邮编 200025
　　　　　电话总机 021-63315947　销售热线 021-53063735
　　　　　http://www.sassp.cn　E-mail：sassp@sassp.cn
排　　版：南京展望文化发展有限公司
印　　刷：上海万卷印刷股份有限公司
开　　本：890 毫米×1240 毫米　1/32
印　　张：7.125
字　　数：195 千
版　　次：2023 年 1 月第 1 版　2023 年 1 月第 1 次印刷

ISBN 978-7-5520-3965-8/K·664　　　定价：68.00 元

版权所有　翻印必究